同济大学高质量发展系列丛书

润水成川

同济大学“三全育人”综合改革案例集

（2018—2023）

主　编 / 彭震伟
副主编 / 许秀锋　王小莉
　　　　李杨帆　徐　楠

同济大学出版社
TONGJI UNIVERSITY PRESS
· 上海 ·

图书在版编目（CIP）数据

阅水成川：同济大学“三全育人”综合改革案例集：2018—2023 / 彭震伟主编 . -- 上海：同济大学出版社，2023.10

（同济大学高质量发展系列丛书）

ISBN 978-7-5765-0680-8

Ⅰ. ①阅…　Ⅱ. ①彭…　Ⅲ. ①高等学校—思想政治教育—教案（教育）—汇编—上海— 2018—2023　Ⅳ. ① G641

中国国家版本馆 CIP 数据核字（2023）第 177810 号

阅水成川

——同济大学“三全育人”综合改革案例集（2018—2023）

主　编：彭震伟

副主编：许秀锋　王小莉　李杨帆　徐　楠

责任编辑　熊磊丽

助理编辑　孙铭蔚

责任校对　徐逢乔

封面设计　王　翔

出版发行　同济大学出版社　　www.tongjipress.com.cn

（地址：上海市四平路 1239 号　邮编：200092　电话：021-65985622）

经　　销　全国各地新华书店、网络书店

印　　刷　上海安枫印务有限公司

开　　本　787mm × 1092mm　1/16

印　　张　18.5

字　　数　462 000

版　　次　2023 年 10 月第 1 版

印　　次　2023 年 10 月第 1 次印刷

书　　号　ISBN 978-7-5765-0680-8

定　　价　98.00 元

同济大学高质量发展

系 列 丛 书

阅水成川

同济大学“三全育人”综合改革案例集

（*2018—2023*）

总　序

同济大学始终与中华民族命运休戚与共、与祖国科教事业心手相牵、与上海城市发展相濡以沫。

2018年第十一次党代会召开以来，同济大学坚持以习近平新时代中国特色社会主义思想为指导，全面贯彻落实党的二十大精神，坚持同济天下，不断追求卓越，在高质量推进建设具有全球影响力的中国特色世界一流大学和一流学科方面取得显著进展和可喜成绩，书写了新时代以中国式现代化全面推进中华民族伟大复兴的同济篇章。

在中国共产党同济大学第十二次代表大会即将召开之际，学校党委全面总结了学校过去五年在党的建设、人才培养、学科建设、队伍建设、科学研究、社会服务、国际合作和文化建设等方面的经验和成效，编撰了“同济大学高质量发展系列丛书”。丛书共六册，包括《奋楫争先——同济大学发展报告（2018—2023）》《本固枝荣——同济大学党建示范创建和质量创优工作典型案例集（2018—2023）》《文成于思——同济大学党建研究成果集（2018—2023）》《百舸竞渡——同济大学教师思想政治工作案例集（2018—2023）》《芳华绽放——新时代同济文化建设案例集（2018—2023）》《阅水成川——同济大学“三全育人”综合改革案例集（2018—2023）》。

丛书既是向所有关心、支持和帮助同济大学的师生校友和社会各界人士所做的汇报，也是对中国特色世界一流大学建设经验的总结，可为新时代扎根中国大地建设世界一流大学提供参考，推动更好更快建设中国特色世界一流大学。

前　言

同济大学自2018年入选全国首批“三全育人”综合改革试点高校以来，以习近平新时代中国特色社会主义思想为指导，紧扣立德树人根本任务，把各项工作的重音和目标落在育人效果上，使学校思想政治工作更好地适应和满足学生成长诉求、时代发展要求、社会进步需求。

学校党委高度重视，遵循“从点到面、从试点到示范、从协同到集成”的改革思路，分阶段、系统化持续推进“三全育人”综合改革工作。2018年，“谋篇布局”阶段，由校党委书记牵头，围绕“三全育人”改革理念进行全校大讨论，凝结成“融合”“贯通”“聚焦”“筑基”“质量”五大理念，发布《同济大学“三全育人”综合改革试点建设方案》，注重顶层设计的系统谋划与一体推进。2019年，“纵深推进”阶段，根据“十大育人”体系，调动校内外育人资源，重点实施具有同济特色的“八大行动计划”。创新平台载体，重点推进“一区五品六中心”建设，注重改革举措的整体优化与重点突破。2020年，“全面提升”阶段，推动各学院按照“两步走、全覆盖、建示范”的改革思路，实现全校31个学院全覆盖参与试点，并将试点内容由聚焦局部转为全覆盖“十大育人”体系。2021—2023年，“示范创建”阶段，分批遴选指导16个学院开展示范学院创建，培育孵化12个示范案例，有序开展3个“一站式”示范学生社区建设，推动学校“三全育人”工作从“试点”到“示范”全面升级。

2018—2023年，学校加强统筹谋划，全面筑“基”。以推动人才培养理念和培养方式变革为着眼点，以促进学生全面成长为出发点，从学校、职能部门、学院三个层级进行系统设计，将思想政治工作融入办学治校全过程。

2018—2023年，学校凝聚育人合力，全员聚“点”。将“三全育人”理念融入教师管理规定，全面协同联动课程、科研、管理、服务等育人团队，推动形成同济特色育人共同体。

2018—2023年，学校贯通育人链条，全过程联“线”。构建“招生—培养—深造—就业—校友”五位一体人才培养全链条管理体系，关注学生从入学到毕业每一个“关键期”，实现选才、育才、成才的有机统一。

2018—2023年，学校构筑育人格局，全方位拓“面”。全面统筹办学治校各领域、教育教学各环节、人才培养各方面的育人资源和育人力量，拓展创新育人平台和育人载体，助力学生德、智、体、美、劳全方位发展。

本书选取了2018—2023年学校党委、职能部门、学院在“三全育人”工作中形成的特色思政工作案例，根据内容侧重分五章具体呈现。各案例紧扣“三全育人”综合改革和“十大育人”体系建设中存在的突出问题，重点阐述问题针对、主要做法、主要成效和推广价值，育人理念特色鲜明、工作举措创新有力，具有典型示范和辐射推广价值。希望通过本书的出版加强成果展示、促进经验交流、共谋未来发展，真正使“三全育人”理念变为生动的育人实践、产生持久的育人成效，开启高质量人才培养新局面。

本书编委会

2023年10月

目　录

第一章

善用“大思政课”培养“时代新人”

着力培养担当民族复兴大任的时代新人，对完善思政工作体系提出更高要求。同济大学落实立德树人根本任务，在构建格局、充实内涵、强化保障等方面下功夫，加快构建大思政工作体系。思想政治教育“既要有惊涛拍岸的声势，也要有润物无声的效果，这是教育之道”。学校注重思政课与专业课同向同行，进一步强化课程思政，出台《中共同济大学委员会关于推进思政教育与专业教育有机融合的实施办法》《同济大学关于加强课程思政建设的指导意见》等规章制度，使各类课程与思政课同向同行；学校注重第一课堂与第二课堂共促共进，组织开展形式多样的学术科技活动、创新创业活动、文化审美活动、志愿服务活动等第二课堂，构建引领成长需求的第二课堂系统，使之与第一课堂共促共进；注重学校教育与社会教育互动互生，共建社会实践育人基地，打造精品社会实践项目，开展多种社会共建活动，使学生在解决实际问题的过程中适应和服务社会发展。一个个“大思政”体系建设的实践探索案例跃然纸上，思政课与专业课、第一课堂与第二课堂、学校教育与社会教育同行、共促、互动，方能构建显性教育与隐性教育相得益彰的良好教育生态。

同济大学聚焦立德树人，全面推进大思政建设

本科生院

同济大学深入贯彻落实习近平总书记关于教育的重要论述和全国教育大会精神，聚焦立德树人根本任务，坚持问题导向、坚持系统推进、坚持资源拓展、坚持示范引领，统筹推动思政课程、课程思政、日常思想政治教育高质量发展，着力深化“育人”和“质量”内涵，全面推进“大思政”建设，在改革创新进程中培育时代新人，服务社会发展和国家战略。

一、问题针对

课程思政并不是一门单独的课程，而是在发挥思政课程“显性思政”主渠道作用的基础上，深挖其他课程蕴含的育人元素，开展“隐性思政”教育，实现专业知识传授与思想政治教育无缝对接，达到润物细无声的育人效果。课程思政建设开展以来，在社会主义核心价值观引领上发挥了巨大作用，但也存在以下问题：专业教师对课程思政认识不足，理解不充分；专业教师人文素养有待提高，课程思政育人能力需要强化；专业课

教学与课程思政内容匹配度不高，存在“两张皮”现象，课程思政导入形式有待改进。

二、主要做法

大学的主要功能就是立德树人，大学是培养学生成长成才的重要基地，每门课程都要紧紧围绕育人目标进行，每门课程都要挖掘自身蕴含的思政育人元素，实现全员育人、全过程育人、全方位育人，完成“守好一段渠、种好责任田”的任务。学校依托同济大学课程思政教学研究中心，全面推进学校课程思政建设，大力提升教师课程思政执教能力，实现“三全育人”，培养德智体美劳全面发展的新时代社会主义接班人。

1. 坚持问题导向，凝聚育人共识

将“增强立德树人根本任务的使命意识”作为第一主题，在全校开展教育思想大讨论，广泛凝聚共识，形成同向同行、相互支撑的全方位育人合力。为破解高校思政课与专业课教育“两张皮”、课程思政建设“硬融入”“表面化”的难题，学校加强顶层设计、部门协同，形成思政课程、课程思政、日常思想政治教育三位一体的保障机制。依托全校教育思想大讨论系列成果，全面修订2022级人才培养方案，以思政课程为核心、课程思政为关键，将思想政治工作深度融合、全面贯穿教育教学全过程。深度挖掘课程思政元素，以课程体系设置、课程大纲修订、教材编审选用、教案课件设计为抓手，将课程思政要求细化到每门课程的具体任务和计划中，切实推动思想政治教育、专业教育和实践教育深度融合，取得实效。

2. 坚持系统推进，构建大思政格局

充分发挥学校党委总揽全局、协调各方的领导核心作用，夯实全员育人责任。以习近平新时代中国特色社会主义思想为引领，建成大思政课课程群。立足同济学科优势，由书记、校长、学术大师和资深教授领衔，打造“中国道路”“人民城市导论”等特色

2020 年 9 月 15 日，校党委书记方守恩开讲“中国道路”第一讲，展示交通领域中国道路的实践与理论成果

2020 年 10 月 20 日，时任校长陈杰主讲“中国道路”第二讲，阐述“人工智能前沿、竞争与机遇”

鲜明的思政选择性必修课程。对标一流，加强马克思主义学科建设，实施思政课创优计划，不断提高思政理论课教学质量，实现思政理论课深度“触网”，推进思政理论课的多形态建设，充分发挥思政理论课的引领、示范作用。积极构建“大思政”格局，持续推进课程思政改革，由专业课程向专业课程链、示范专业、学院及大类延伸，以二级学院为主体全面落实课程思政教育教学改革。推动课程思政广覆盖、多层次、立体化体系建设，由点到线及面，层层拓展。实施课程思政全覆盖，结合各学科专业特色，组织各学院制订课程思政建设方案，提交“一院一策”方案。

3. 坚持资源拓展，深化教学改革

实施思政课创优计划，推进思政理论课的多形态、高质量建设。持续推进课程思政教育教学改革，设立课程思政教改专项，鼓励教师积极投身课程思政研究。在已建设课程基础上，推动课程思政持续延伸和升级，选树校级课程思政示范课程，开展课程思政示范推广和课程观摩，向全校教师推广好经验、好做法，进一步加强课程思政师资培训，不断提升教师课程思政意识与教学能力。根据《中共上海市教育卫生工作委员会 上海市教育委员会关于举办首届上海市课程思政教学设计展示活动的通知》，遴选优秀课程思政示范课程申请参加首届上海市课程思政教学设计展示活动，承办自然科学组市级课程思政教学设计大赛。

4. 坚持示范引领，构建大师资体系

持续推进思政课建设和课程思政教学研究工作，重点建设 5 个课程思政领航学院、13 支特色改革领航团队、93 门精品改革领航课程。着力提升“大思政”主干队伍综合能力，建设了一支由高校专职思政课教师、辅导员、党政领导、科学家、老同志、先进模范等组成的综合型、多层次、高水平的思政课教师队伍。充分发挥教学名师及团队的示范引领作用，建立集体教研制度，开展集体备课、交流培训、观摩课堂等系列活动，在互学互鉴中促进资源共享，以高素质队伍建设推进育人质量提升，推动“大思政”建设可持续发展。

三、经验与思考

1. 课程思政体制机制进一步健全

学校坚持社会主义办学方向，深入学习宣传阐释党的创新理论，持续深化社会主义核心价值观教育。出台《中共同济大学委员会关于推进思政教育与专业教育有机融合的实施办法》《同济大学关于加强课程思政建设的指导意见》等规章制度，形成思政课程、课程思政、日常思想政治教育三位一体的保障机制，强化课程育人主体责任，建立健全课程思政体制机制，明确课程思政建设新要求。

2. 课程思政建设内涵不断提升

实施思政课创优计划，积极拓展课堂教学内容，创新课堂教学方式，推进思政课的多形态、高质量建设。通过“互联网 +”为课程思政建设赋能：学校大力推进智慧教室建设，鼓励教师用新技术、新媒体吸引数字化生存的大学生，提升教学导向性、亲和力。汪品先院士等一批专家教授示范引领，带头主讲“科学、文化与海洋”“桥梁工程科技与文化”等慕课，选课人数破万，获得校内外学生的一致好评，增强了学校课程思政的辐射影响力。探索基于知识图谱和思政要点的资源共享机制，编制《同济大学课程思政教学指南》，支持交通运输类、环境科学与工程类等一批以学科为特色的课程思政教学指南出版。

3. 课程思政教学改革成果凸显

学校课程思政建设内涵不断提升，推动课程思政持续延伸和升级。选树一批课程思政标杆课程、示范课堂和典型案例，持续投入，形成显著成效。首批 4 门课程及其教学团队获评教育部课程思政示范课程、教学名师和团队，18 门课程获评上海市课程思政示范课程，7 名教师获上海市课程思政教学名师称号，12 个团队获上海市课程思政示范团队称号。

2021 年 6 月 10 日，教育部课程思政建设工作推进会同济大学获奖代表

（撰稿人：方小楠）

以卓越科研担育人使命

——同济大学扎实构建科研育人新生态

科研管理部

为构建高质量科研育人体系，同济大学从完善科研管理体制机制，营造优良学术生态，提升学校科技创新能力等方面充分发挥科研育人功能，构建科研育人同济体系，培养具有创新思维、创新能力的新时代人才。

一、问题针对

科研育人是高校“十大育人”体系的重要一环，旨在通过科学研究培养学生高尚的学术道德、坚定的政治立场、求真的科学精神，贴合以学生为中心的教育理念，契合培养时代新人的教育要求。然而，目前高校科研育人工作还存在一定的短板，如高质量科研育人体系不够完善、科研对育人的支撑不够有力等。

二、主要做法

为破解上述问题，同济大学依托“三全育人”综合改革，加强系统化制度设计，突出特色化创新举措，营造优良化环境氛围，打造典型化榜样示范，凝聚一体化育人合力，筑牢常态化支撑保障，以“六大举措”开创科研育人新局面，扎实构建科研育人新生态。具体做法如下。

1. 完善制度设计，保障科研育人生态

抓好顶层设计，形成党委统一领导、党政齐抓共管、有关部门各负其责、各主体协同配合的体制机制。制定《同济大学“十四五”及中长期科学研究和社会服务科技发展规划》《关于全面提升科技创新质量的若干意见》《技术攻关能力提升计划》《基础能力研究计划》等指导文件，积极谋划学校科技工作。完善分类评价和代表性成果评价制度，推进人才称号回归学术性、荣誉性，树立科学人才成长观。修订科研绩效评估指标体系、专业技术职务评聘科研标准，鼓励开展基础研究和关键核心技术攻关，坚持以一流科研支撑一流人才培养。

2. 创新工作举措，挖掘科研育人潜力

以年产值千亿元的环同济知识经济圈为基础，结合政府、产业、社会等资源，积极探索同济特色双创教育模式。成立校级平台型实体创新创业学院，通过“四学一量”改革将创新创业教育与学时、学分、学程、学位及教师工作量结合起来，构建“学业、创业、服务”三位一体的导师制度，优化共生型创新创业教育生态系统。以“互联网 +”“挑战杯”等赛事为抓手，培育高质量项目、组织高标准活动、参加高水平赛事，搭建同济双创实践平台。重组学生科学技术协会，举办“创新研讨”“科技游园会”“学生科创盛典”等品牌活动。建设同济大学创业谷，促进学校、企业、政府、社会、资本五大要素全方位互动，铺平大学校园到科技园的“最后一公里”。

第十七届“挑战杯”颁奖典礼

“科技游园会”活动

3. 营造学术氛围，优化科研育人环境

完善以学术委员会为核心的学术治理组织架构和制度建设，出台《同济大学科研诚信建设与管理办法》，把科研诚信教育融入科研项目、科研平台、科研成果申报及竞争性遴选等科研工作的全过程。通过“大师论坛”讲座，新媒体、主题宣讲、学术规范优秀案例展示等面向广大师生积极开展学术诚信宣传教育。坚持预防与警示并举，自律与监督并重，引导师生恪守科学道德准则、遵守科研活动规范、践行科研诚信要求、坚守法纪底线，营造风清气正的科研育人环境。

4. 选树优秀典型，激发科研育人动力

评选本科生“学术之星”、研究生“学术先锋”，充分发挥朋辈影响作用。开展“我心目中的好导师”评选，展示优秀研究生导师的风采。开展“卓越研究生导学团队”评选，挖掘、选树和宣传研究生导师团队教书育人的先进典型，强化研究生导师队伍的育

2021 年本科生“学术之星”评选

2020 年“我心目中的好导师”评选

人意识，发挥导学团队的育人载体作用，挖掘导学团队育人能效。

5. 整合内外资源，形成协同育人机制

加强课堂内外、校内外各类资源、各个组织结构统筹协调，共同为学生成长成才铺路搭台。科研管理部、校团委、学生处、创新创业学院等多部门联合搭建平台，实施“大学生创新实践训练计划”，倡导学生进课题组、进实验室、进研究团队，形成跨部门多维度育人机制；联合发起“卓越科研育人”师生共创项目，瞄准前瞻型、学科交叉型问题，推进产学研联动。充分发挥同济创新创业控股有限公司的联动作用，依托“技术转化 + 创业孵化 + 创业投资”体系，将学科链与产业链紧密结合，将产业链与创新链深度融合，充分发挥同济大学优势学科和基础研究的溢出效应。举办“科‘迹’行”活动，带领学生走进校内重点实验室感受科研工作、参观校外科技企业了解行业前沿信息。

6. 加强支撑服务，提供科研育人保障

依托大平台、大团队、大项目，助力高质量人才发展。鼓励学生积极参与大团队，依托国家重大科技基础设施——海底科学观测网、教育部“细胞干性与命运编辑”前沿科学中心、国家干细胞转化资源库、上海自主智能无人系统科学中心等一批重大科研基地平台开展有组织科研，将集聚科研资源转化为优质教育资源。广泛吸纳校友捐助、社会捐赠、基金收入等支持和投入，设置“科研育人”专项经费，形成多元支持、稳定发展的长效机制。学校针对在研的国家重大科研项目予以研究生名额专项支持，鼓励和支持教师依托重大科研项目和高水平团队开展高水平人才培养。

教育部“细胞干性与命运编辑”前沿科学中心主任高绍荣教授指导学生实验

三、经验与思考

通过构建科研育人新生态，同济大学全面提升学生科技创新能力，培养具有创新思维、具备创新能力的新时代人才，打造科研育人“样本”。

1. 政策支持、资源保障，搭建良性运作科研育人机制

围绕学校人才培养目标，坚持督导与评价“双轮驱动”，成果导向和持续改进“双管齐下”，落实“六位一体”教师评价和“全链条”人才培养质量评价，通过前瞻布局和顶层设计，完善科研管理体制机制，营造科研育人优良生态。

2. 立足特色、交叉引导，构建高质量科研育人体系

立足基础学科的特色与优势，统筹全校相关交叉学科资源，依托科研大平台、大团队、大项目，全链条、全方位提升科研育人质量，培养具有家国情怀、世界胸怀，能够实现科学重大突破、引领文明进步的创新人才。

3. 兴趣驱动、重在过程，打造实践创新科研育人模式

打造共生型创新创业人才培养模式，遴选支持成熟度高、创新性好的科创项目，校企联合助力科研成果孵化，多措并举、多管齐下，加大对学生科技创新活动的支持力度，在实践中启发学生创新思维、培养学生创新能力。

（撰稿人：徐荣华、杨博欣、钟程）

协同育人主阵地，课程与思政同向同行

——以同济大学交通学科为例

交通运输工程学院

交通具有“交融天地而连通万物”的宏大格局，在国民经济中发挥着重要的基础性、先导性和战略性作用。交通运输工程学科研究对象的物理尺度从纳米级的道路材料到数千公里的高速铁路；社会尺度从一个人的交通行为到国家战略。同济大学交通学科前辈们很早就认识到，能够胜任综合交通发展的人才需要卓越的综合素养，不仅要具备精深的专业知识和匠心精神，更需要具备战略思维、全局意识和体恤民情的家国情怀。同济大学交通学科创立百余年来，矢志不渝以民族振兴、国家富强、人民幸福为己任，在人才培养中渗透课程思政元素，为国家培养了一大批德才兼备、担当大任的治国英才、学术大师和行业领袖。

进入21世纪，面对高等教育高质量发展要求，同济大学交通运输工程学院凝聚“思行合一、交融成艺”的“同路人”文化，以培养担当民族复兴大任的社会主义建设者和接班人为己任，强化课程思政在人才培养中的核心引领作用。2018年，学校交通运输工程学院被确定为上海市课程思政领航学院，形成了各类课程与思想政治理论课同向同行，专业教育与思政教育同频共振的“同路人”课程思政育人模式。

一、问题针对

1. 思政教育中仅依赖思政课程，专业课思政内涵未充分挖掘

传统的思政教育主要集中在第一课堂，特别是第一课堂的思想政治课。第一课堂的专业课思政育人功能未被有效激发。在交通工程专业，“交通管理与控制”“道路规划与几何设计”等课程天然具备思政元素，多年来持续有效开展课程思政。但还有不少专业课，特别是偏信息类和力学类基础课程，课程思政元素还未被充分挖掘。

2. 第二课堂平台基地功能各自独立，育人功能未有机融合

第二课堂包括课外活动和实践活动。课外活动主要聚焦讲座，对于育人的效果未能有效梳理。实践活动中，专业实践、社会实践和红色实践，由教学系列、学工系列和团委系列分开组织，各种功能相互独立，没能有效地相互赋能，形成合力。

3. 课程思政内涵体系与专业认证标准脱节，育人制度无抓手

随着课程思政领航学院、领航团队和领航课程建设，课程思政建设取得了显著成效，但学科内部存在着发展建设不均衡问题，亟须让所有教师都能自觉地进行课程思政建设，客观评价建设效果。实现从“要我做”到“我必须做”“我想做”，但实施过程中缺少有效的抓手。

二、主要做法

1. 构建“第一课堂、创新实践、文化浸润”三圈层思政育人模式

依托 2017 年开展的立德树人专项行动，建立起“第一课堂同向同行—第二课堂创

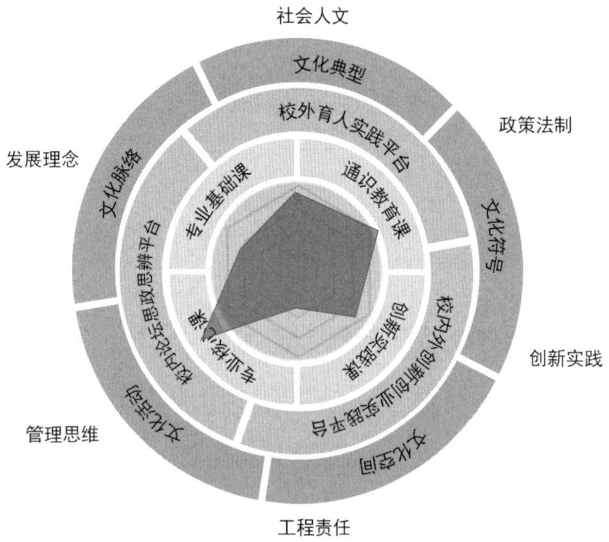

“三圈层”思政育人模式

新实践—学科文化传承浸润”三圈层交融思政育人模式。在内圈的第一课堂，打造“交通运输与人类文明”“交通行为心理学”和“批判性思维”等具有思政特色的专业通识课程，鼓励所有教学团队深入挖掘提炼各门专业课程所蕴含的思想政治教育元素，形成思政课程与课程思政同向同行，细化从学生入学前到毕业后全过程、全链条育人各环节的思政教育。在中圈的第二课堂，持续 20 年建设“同路人”育人平台，实践育人与平台育人相生相长，打造了一批专业实践—社会实践—红色实践三维立体交融的育人平台和基地。在外圈的全域环境，文化传承与文化育人互促互进。梳理学科发展文化脉络和典型，编撰学科前辈人物传记、学科发展史，完成学科发展史展示馆建设及社交型学术文化空间系统改造，凝练师生校友科教济世的优秀事迹和典型工程案例。打造学科文化符号，构建以开学和毕业典礼、新教师入职宣誓和老教师荣休仪式、学科纪念和系科庆典等活动为载体的仪式教育体系。

2. 构筑思政全面融入思辨、实践、创新的“同路人”育人平台

搭建思政与思辨交互的“同路人”系列平台：“同路人”学术论坛，聚焦前沿、开阔视野，启迪智慧，激发创新；“同路人”校友讲堂，提升学生专业认知与兴趣，引领学生坚定理想信念；“同路人”百科讲坛，丰富校园文化、营造德育氛围、传播核心价值；“同路人”博思论坛，分享科研成果、引发思想碰撞、培养思辨精神。将专业实习和学术研究等专业实践、志愿服务和乡村振兴等社会实践、革命教育和基地参观等红色实践融为一体，打造知行合一、立体交融的育人平台：以专业实践扎实工程教育、锤炼奋斗精神；以社会实践认知国情社情、树立责任担当；以红色实践坚定理想信念、厚植

爱党情怀。相关实践项目获上海市大学生社会实践项目大赛一等奖。在上海一大会址纪念馆理想教育基地与西藏农牧学院党史教育宣讲基地的基础上，进一步深入建设、发展义务讲解员团队。贵州赤水、浙江江山、福建松溪社会实践基地育人成效进一步提升，

2019 年 6 月，同济大学—浙江省江山市张村乡人才培养合作基地正式成立

西藏农牧学院党史及理想信念教育基地

产生了深远的社会影响。建立港珠澳大桥等工程教育基地，形成重大工程教育基地清单。建成国家大学生校外实践基地、4 个国家级工程实践教育中心等 60 多个校外人才培养和产学研合作基地，以及十余个三维立体实践基地。

3. 建立课程思政教学目标与专业认证的德育要求深度融合的育人体系

成立国内首个交通学科课程思政教育研究中心，与学院教学中心并行，统筹课程思政谋划、布局与实施。将专业教师、辅导员、班主任、优秀校友、模范人物等纳入学科思想政治教育的师资队伍，与教学中心协同承担课程思政领航学院建设职责，使相对独立的教学管理、学生工作和教师工作板块充分融合。提出了课程思政与专业认证融合的新体系，使课程思政和专业认证的价值引领要求与德育标准密切结合，推进专业课思政内涵凝练、培养方案修订、课程群与课程链建设、课程大纲修订、思政案例总结、教师胜任力提升、教学方法研讨等全链条建设，形成引领和助推学生思政素质提升的合力。编制了国内首部《交通运输类专业课程思政教学指南》，实现课程思政教学目标与专业认证的德育要求一体化，将思政内涵融入培养方案和教学大纲修订、教材编审选用、教案课件编写等方面，贯穿课堂授课、教学研讨、实验实训、作业论文等环节。从根本上打通教学任务拟定和教学效果评估的“任督二脉”，健全有理有据、有始有终的评价体系。

《交通运输类专业课程思政教学指南》

三、经验与思考

1. 形成“可借鉴、可复制、可推广”的课程思政成果，实践经验辐射全国

牵头成立“高校交通运输类专业课程思政研究联盟”，被教育部列为“课程思政资源库建设单位”；2 门课程入选教育部课程思政示范课程，2 个团队入选教育部课程思政

名师团队；4 门课程入选上海市课程思政示范课程，3 个团队入选上海市课程思政示范课程团队，2 名教师获评上海市课程思政名师；2 名教师获首届“智慧树杯”课程思政示范案例教学大赛本科赛道卓越奖；编制了国内首部《交通运输类专业课程思政教学指南》；2 次向教育部领导专题汇报课程思政建设经验；成果被中央广播电视总台《新闻联播》、《人民日报》、微言教育等媒体报道近百次。

高校交通运输类专业课程思政研究联盟成立

教育部系列课程思政资源库启动仪式

2. 三维立体实践育人平台深度融合，育人功能有机交融

实现“专业实践—社会实践—红色实践”三维立体实践育人平台的深度融合：在专业实践过程中，开展当代重大交通工程考察、历史重要交通工程寻访和学院历史传统寻根溯源等社会实践活动；在社会实践过程中，由专业教师带队开展山区道路安全排查等专业实践活动。同时，在实践过程中充分利用所在地的红色资源，通过参观遵义会议纪念馆等革命纪念馆、开展红色实践，让学生接受革命传统教育。打造贵州赤水（专业实践、红色教育、支教相结合）、浙江江山（专业实践、乡村振兴相结合）、上海崇明（专业实践与生态环境可持续发展相结合）等十余个特色基地。《中国交通报》《贵州日报》等媒体高度评价了同济交通学子在贵州赤水基地持续开展的实践活动。

2005—2023 年，同济交通学子坚持在贵州赤水开展专业实习和社会实践活动

3. 建设思政素养和胜任力并重的课程思政教师队伍

学院涌现出一批“经师”和“人师”相统一的教师榜样群体。学科教师积极投身党和国家教育事业、带领学生服务重大工程建设和“卡脖子”技术攻关，15 人获“庆祝中华人民共和国成立 70 周年”纪念章；朱兴一教授领衔上海高校“双带头人”支部书

记工作室师生共建，个人获得全国优秀党务工作者光荣称号，联系的学生获得上海市青年五四奖章；孙立军教授潜心育人，带领的“同路人”师生团队入选上海市教育系统劳模创新工作室；周顺华教授率先垂范，感召团队大批学子和毕业生为浙西山区捐资献策、造桥修路，获评上海市十佳好人好事；张轮、陈长、杨群等教授在援藏援滇援疆过程中，为边疆地区培养急需人才。

学院教工党支部对接行业党支部，开展“教师支部—职能部门—科研机构—设计单位—学生支部”结合的“阶梯式”党建共建

4. 学生思政素养明显提升，育人成效显著

在课程思政工作的不断推进和育人体系建设的不断完善下，在“经师”和“人师”相统一的学科教师带领下，交通运输工程学院培养出一大批兼具家国情怀、匠心精神、创新能力、精湛专业知识与技能的优秀毕业生，形成了良好的家校联盟，收获了无数家长的好评。2020—2023 年，毕业生赴艰苦地区和基层工作人数大幅提升，5 名毕业生赴西藏自治区就业，70 余名毕业生入选中央和各省市选调生，赴艰苦地区和基层锻炼。

在校生思政素养明显提升，实现学科在校生获国家级荣誉称号“零”的突破。100% 在校生参与志愿服务活动，“同路济承贵州情，交通铺筑中国梦”活动获上海市大学生社会实践项目大赛一等奖；共173人次获省部级以上荣誉称号，包括全国“百名研究生党员标兵”、中国大学生年度人物提名奖等；在校生踊跃参加重点工程建设，8人次获省部级科技奖一等奖。

（撰稿人：黄世泽、许青）

卓越法治人才实践培养的同济方案

法学院

同济大学法学院紧密围绕“三全育人”综合改革试点工作任务，突出法学学科的实践性，以实践育人为抓手，厚植学生爱国情怀，提高学生实践能力，将“三全育人”融入实践教育，引导学生将个人发展与国家战略、时代需求相结合，积极探索卓越法治人才实践培养的同济方案，着力培养德法兼修的卓越法治人才。

一、问题针对

习近平总书记强调，法学学科是实践性很强的学科，法学教育要处理好知识教学和实践教学的关系。但目前高校法学教育在引进社会优质实践教学资源方面普遍存在以下三方面问题：社会资源转化为育人资源的途径单一、效率较低；育人平台各自为政，缺少一体化规划；培育优质实践育人成果缺乏具体举措。

二、主要做法

为破解以上问题，法学院紧密围绕学校“三全育人”综合改革工作任务，改革实践教学方案，提高学生实践能力，建构实践育人“大课堂”；共建实践育人基地，培育学生职业素养，创建实践育人“大载体”；打造精品实践项目，厚植学生家国情怀，铸就实践育人“大目标”，构建全员育人、全过程育人、全方位育人的实践育人体系。

1. 改革实践教学方案，提高学生实践能力，建构实践育人“大课堂”

（1）打造实践育人精品课程

修订各层次的学生培养方案。对原有的实践课程进行整合和升级，进阶式开设“纠纷解决与谈判”“模拟审判”“法律文书”“法律诊所”“专业实习”等课程，将实践育人全过程贯穿各育人阶段。打造实践育人精品课程。院长牵头重组“法律诊所”课程，汇集来自政府部门、司法机关、仲裁机构、律师事务所、法律援助中心及有关企业等合作单位的经验丰富的实务导师，并以此为抓手整合学院的实践教学课程和资源，以促进教学水平的提升。

校外导师与学生共同为“法律诊所”揭牌

（2）编写课程案例教材

积极推动习近平法治思想进教材。组织民商法教研室教师结合《中华人民共和国民法典》颁布与实施的大背景，选取由最高人民法院及地方各级人民法院选编的《弘扬社会主义核心价值观典型案例》，如“英烈人格权的保护”“私自上树摘杨梅坠亡案”“义务帮工受到伤害案”等案例，共同编写《法学课程思政教育教学案例 · 民商法卷》一书，并由同济大学出版社出版。案例教材对专业实践有较强的、直接的引导作用，在民商法教研室开设的课程与案例研讨中将充分利用该书指导学生专业学习和实践。

（3）构建学科竞赛育人体系

依托学院实践教学责任岗，由专人统筹负责学院参加各类学科竞赛的报名组队和安排指导教师，目前已经确定了“5 个国际中英赛 +5 个国内竞赛”的竞赛格局，并有学院专项经费支持，覆盖学院成绩排名前 70% 的学生，基本形成了“学生自主管理、教师积极引导、学校大力支持”的可持续发展的育人体系。积极承办国内外学科竞赛。牵头承办第十五届中国大陆地区红十字国际人道法模拟法庭比赛（国际级），进一步提升学院影响力。坚持举办学科竞赛训练营，回顾总结优秀的参赛经验，营造浓厚的学院文化氛围。

承办第十五届中国大陆地区红十字国际人道法模拟法庭比赛（国际级）并获得大陆赛区冠军

2. 共建实践育人基地，培育学生职业素养，创建实践育人“大载体”

（1）进一步拓展学院与知名律所和企业共建基地

进一步拓展实践基地，探索高校—实务部门联合培养机制。加强高校与实务部门的合作，共同制定培养目标，共同设计课程体系，共同开发优质教材，共同组织教学团队，共同建设实践基地，探索形成常态化、规范化的卓越法治人才培养机制。在原有实践基地的基础上，进一步拓展新的实践基地，满足学生多元化的需求。

（2）实施“卓越法治人才协同育人计划”

对外建立长期深度的协同培养机制，由学院教师与实务部门的经验丰富的人士协同开展卓越法治人才培养。积极聘请资深实务人员担任法学院“实务导师”，组建“实务导师”队伍，并对实务导师进行专职化管理，让其参与法学院模拟法庭、实训等课程的教学，或结合审判前沿动态，为法学院师生作专题讲座。

聘任校外实务导师并开展实践课程授课

（3）实施“法官助理成长计划”

每年择优推荐硕士生赴最高人民法院、上海市第一中级人民法院、上海市第二中级人民法院等单位担任实习法官助理或司法研修助理，使其成为法院法官助理队伍的后备力量，使得法学教育与法律职业深度衔接。

择优推荐学生赴最高人民法院与上海市第二中级人民法院担任实习法官助理

3. 打造精品实践项目，厚植学生家国情怀，树立实践育人“大目标”

（1）开展精品社会实践项目

连续多年组织学生利用假期深入周边社区与基层乡村开展走访调研与普法宣传，重点加强管理服务和成果指导，截至 2023 年 5 月，已形成暑期社会实践、校级同行计划、“与法同行”等多个社会实践精品项目。加强组织建设，院长率队在云南省云龙县人民法院建立教学科研实践基地，策划暑期师生社会实践项目。重视成果孵化，制作了具有当地特色的普法日历和结合社情民意的普法微视频，形成了系列普法周边宣传品。

学生在暑期开展普法调研

（2）开展精品社区共建项目

紧密围绕法学学科的社会服务性，连续多年组织师生深入周边社区开展义务法律咨询和普法宣传，形成了良好的社会服务氛围。截至 2023 年 5 月，已与杨浦区铁岭路 90 弄居民区党总支、虹口区林云居民区党总支和普陀区甘泉路街道开展社区共建项目。各学生党支部基本实现与居民社区开展共建项目，并充分发挥同济新村工会法律咨询项目的作用，让教师在接受义务法律咨询的同时带教学生，提升学生解决实际法律问题的能力。

在校园、居民社区开展各类普法活动与志愿服务

（3）培育精品创新创业项目

积极鼓励学生申报各级各类大学生创新创业项目，每个年级均有 50% 以上的学生在教师的指导下参加创新项目，并不断孵化申报“挑战杯”等课外实践赛事。持续加强专业创新项目的孵化和培育，加强各类创新项目的“立项—中期—结题”管理，严格把关项目成果与质量，提升创新项目质量，在创新项目中引导“大众创新，万众创业”的理念。2021 年以来，已有多个项目在校内“挑战杯”竞赛中脱颖而出。

三、经验与思考

围绕建设社会主义法治国家的需要，坚持立德树人、德法兼修，践行明法笃行、知行合一，主动适应法治国家、法治政府、法治社会建设的新任务、新要求，在实践育人过程中找准人才培养和行业需求的结合点。健全工作机制，从“队伍协同、过程控制、资源整合”三个方面深入推进，实现实践育人在“队伍契合—时间连合—内容并合—空间结合”四个维度的破壁融合；创新工作举措，构建“知识—能力—人格”三位一体、贯穿“理论学习—实践训练—服务社会”全过程的实践育人体系，把“三全育人”的体制机制优势转化为实践育人成效。

1. 协同育人队伍，建立“政产学研协同共育”的全员支持机制，形成实践育人教学共同体

强化育人意识和育人责任，多主体参与凝聚育人合力。以“思政教师、专业教师、导师、班主任”为校内导师，以“公检法机关工作人员、法律行业专家、企业法务部门专家”为校外导师，构建实践育人教师矩阵，参与指导学生选题、立项、实践、总结的全流程。借助 2021 年成立的同济大学法学院校友分会，建立校友导师结对制度，促进学生深入基层，找准职业生涯方向，在择业就业的过程中，立志投身行业，报效祖国。

2. 把控育人关键环节，建立“入学—培养—就业”的全过程实践育人价值引导链

针对低年级本科生，通过开展“法律精英训练营”“声声入耳”等校友座谈会、行业发展讲座等形式，培育其专业认同感和行业情怀；针对学生党员与中高年级本科生、研究生，通过与上海市四平路街道、云南省大理白族自治州中级人民法院等基层单位交流互访、开展联合党日活动等形式，践行党员责任、涵养家国情怀；针对高年级本科生、研究生，组织其赴实践基地如上海市第二中级人民法院、黄浦区人民检察院、锦天城律师事务所等开展专业实习，零距离了解就业环境，实施精准就业引导。

3. 整合育人资源，共建实践育人基地，铸造学生素质修炼的全景式“大熔炉”

打通“课内 + 课外”通道，拓展课程外延，发挥学科优势，开展特色劳动课程，联合五角场街道设立基层“法治观察点”，面向学生招募法治观察员，将劳动教育融入实践育人。拓宽工作方式，打通“线上 + 线下”通道，开展线上教学、云端授课，学院携手上海市人工智能社会治理协同创新中心、上海兰迪律师事务所共同打造“元宇宙模拟法庭”，共同探索网络互动新模式。拓宽资源渠道，打通“校内 + 校外”通道，建立长期定点社会实践基地 34 个，使社会教育资源与第一、第二课堂相互渗透，互补互动，积极构建全方位协同的“大思政”格局。

（撰稿人：刘博）

协同共创，依托课程思政构建“大思政”育人格局

设计创意学院

为切实推进“三全育人”综合改革示范学院建设工作，设计创意学院按照“三圈三全十育人”的要求，推进由领导班子、专业教师、辅导员、行政管理人员、校友等组成的“五位一体”全员育人模式，结合专业优势，依托课程思政，构建“大思政”育人格局。

一、问题针对

《关于加强和改进新形势下高校思想政治工作的意见》明确提出，要坚持全员全过程全方位育人，深入学习领会习近平总书记有关重要讲话精神，进一步提高教育主体思想认识、促进教育环节无缝对接、协调教育资源有效整合。然而在明确立德树人为教育根本任务的大背景下，高校思想政治教育仍然存在着合力不足、过程不畅、平台孤立等短板。

二、主要做法

为破解以上问题，设计创意学院依托“三全育人”综合改革示范学院建设工作，凝聚育人共识，通过挖掘第一课堂中的思政元素，联动第二课堂与第三课堂，发挥各育人主体力量，大力开拓协同育人格局，形成协同育人合力，通过设计课程体系、构建育人环境、完善激励机制等突出“三全育人”工作实效，构建“大思政”育人格局，使“三全育人”工作往实里走，往深里走。

1. 深挖思政元素，设计协同共生的思政课程体系

教育目标的最终实现，依赖各种教育资源及教育方式、手段的协同作用。首先，必须把握第一课堂绝对优势的主体地位，挖掘课程中的思政元素。开展课程思政创优计划。加大课程思政培育和建设力度，将思想政治教育内容与专业课程相融合，拓展思想

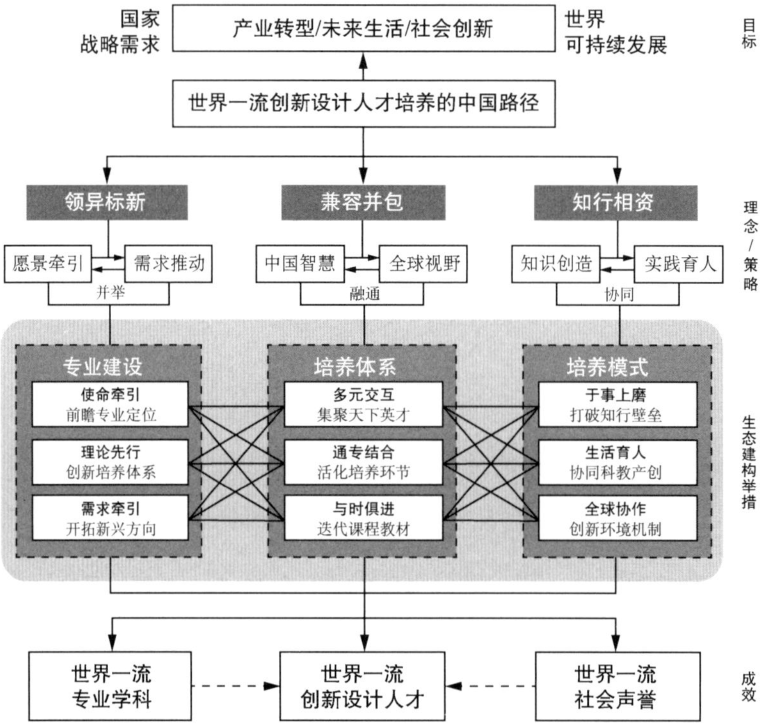

世界一流创新设计人才培养的中国路径

政治教育的内涵，在实现知识传授与价值教育的双重功能上取得成效。结合国情民情强化设计实践拓展和设计案例线上拓展，以"设计发展前沿""生活设计""非物质文化遗产设计""专业设计""设计导论""设计管理"等为重点开展示范课程思政研讨，形成具有中国特色的设计思政课程体系。全面修订课程教学大纲，将思政教育融入每门课程，实施模块化教学，要求所有课程教师结合中央精神、国家战略、红色传承等进行立德树人内涵设计，实现"课程思政"全覆盖，适当添加思想政治教育教师授课模块。修订设计类专业课程思政教学大纲，打造思政"金课"，培育名师。面向国家战略需求和世界可持续发展，基于"领异标新、兼容并包、知行相资"理念，探索世界一流创新设计人才培养的中国路径。

2. 一、二课堂联动，构建协同共生的互融育人环境

采用板块化教学，推动第一、二课堂联动，倡导专业教师"多串思政课的大门"，指导社会实践、对标争先项目等；邀请思政辅导员走进第一课堂授课，为理想信念教育助力。范圣玺教授的选修课程"设计、生活与创新"以"二十四节气"为切入点弘扬传统文化，引导选课的 24 名工业设计专业硕士生，每人以一个节气为题创作一件作品，加强了对学生的思想引领。2020 年 12 月，由学院党委牵头，教职工党支部和学生党支部共计 120 余名师生党员、60 余名教职工参与，共同呈现了"行律千年，东方意蕴：二十四节气创意作品展"。2021 年 6 月，学院再次将大一专业课程中的"十米长卷"课题引入第二课堂，引领 18 名专业教师、206 名学生和建筑与城市规划学院、艺术与传媒学院在四平路校区联动绘制"卷长情深，献礼建党百年"百米长卷，将中国共产党百年征程绘于纸上，获学习强国、新华网、《人民日报》、《中国青年报》、中国教育网等多家媒体宣传报道。此外，学院多名教师曾担任学校"对标争先"建设项目指导教师，辅导员多次走进第一课堂授课，加强理想信念教育。学院构建协同共生的互融育人环境，践行全员育人教育理念，实现了从第一课堂到第二课堂的联动，上好了全员育人的思政大课。

“卷长情深，献礼建党百年”百米长卷

3. 加大重视力度，完善协同共生的教师激励机制

加大课程思政培育和建设力度，完善专业教师激励机制，将思想引领工作量纳入学院评奖评优评估体系，并在年终绩效考核奖励中统一核算，建立制度化保障。加强专业技术职务评聘及考核续聘中的思政考核评价环节，开展课程思政授课比赛，明确“为党育人，为国育才”的思政育人能力评价导向和实际成效考察，优化修订相关教学规章制度。推进课程思政建设，建立院级课程思政评审机制，设立课程思政专项基金。2022 年度，学院 1 门课程获评上海市课程思政示范课程，1 个团队荣获上海市课程思政示范团队称号，1 门本科生课程和 1 门研究生课程获评学校课程思政示范课程，5 门研究生课程作为线上精品课程建设项目立项，1 种教材作为研究生教材建设项目立项，1 项教改项目作为学校教改培育项目立项。学院围绕示范课程开展研讨，成立课程思政教学研究中心，举办教育教学公开课，连续十年举办“新兴实践”设计研究与教育会议，专注设计研究和设计教育最前沿兴起的思想和实践。“新兴实践”会议不断推动设计创意学院发起的知识社区的成长，勾勒出一条同济设计学科不断演进的探索轨迹：通过将设计

置于转变中的社会、经济和技术背景下，改变设计研究和教育。会议探讨的主题、激发的思考，成为学院教学思想的风向标。

2020 年“新兴实践”设计研究与教育会议（上海设计之都十周年活动）

三、经验与思考

共同的目标使命和兴趣志向是联结“三全育人共同体”的前提要义。围绕“一个中心、调动全员力量、多面辐射”的工作思路，将思想政治教育全链条式融入专业教学与日常活动，打通第一课堂与第二课堂，调动专业教师积极性，共同推动课程思政入耳、入脑、入心、入行，通过凝聚共识、创新形式、完善机制，将思政工作融入人才培养体系，构建了学院层面的“三全育人”一体化育人体系。

1. 设置强有力的协调主体，凝聚育人共识

在实践中，由于缺少相应的组织机构保障，思想政治工作各主体往往各自为政、各

行其是，难以真正实现工作协同。因此，在复杂的现实环境中，构建高校思想政治工作协同机制显得尤为重要和紧迫。学院充分发挥党委的政治核心作用，加强党建引领，在“1+N”的综合改革模式的基础上，构建思政工作协同机制，形成由党委主要负责，各部门齐抓共管的“大思政”协同育人格局。推进党建思政工作质量创优，围绕立德树人根本任务，凝聚育人共识，坚持第一课堂课程思政的主阵地和主渠道作用，活跃第二课堂，延伸第三课堂，鼓励思政课教师和其他各专业课教师集体备课，共同构建全面覆盖、类型丰富、层次递进、相互支撑的协同育人内容体系。将显性教育和隐性教育相统一，进行一、二、三课堂联动的课程思政学院建设。注重思想政治教育的系统性、协同性，以整体、联系、互动的思维，探讨与多元供给体系相伴生的协同机制建设问题，以创新引领未来的思想政治教育制度长效机制。

2. 抓住学生兴趣与专业优势，创新育人形式

结合专业课课题调研学生兴趣所在，在第二课堂以学生喜闻乐见的形式开展思想政治教育。学院将“二十四节气”“非遗文化”等中华传统文化与思想政治教育有机融合，利用公共空间在校内举办各类艺术活动，如二十四节气文创成果展、绘制百米长卷、樱花集市、同济英烈展览、舞台剧演出等，全方位营造“向真、向善、向美”的校园文化环境，让广大学生在观赏和体验中认识中华文化的历史变迁，自觉弘扬中华文化，建立文化自信。同时，学院成立由 23 人组成的文创实践导师团队，为学生策划提供全套全流程的建设体系，从提供文化培训、实践课程、对外交流服务等方面输入知识，整合文创、商业、创新创业项目等资源，让大学生深度参与项目，实现学有所用、实践与理论相结合的建设目标，帮助大学生对接社会资源，提高产品落地转化的可能性，构建体现学院特色的“大思政”育人格局。

（撰稿人：陈燕、范圣玺、张雪青、王璐）

外语赋能，多元协同，融通中外

——以国际传播能力提升为导向的“大外语”实践育人模式探索

外国语学院

为纵深推进“三全育人”综合改革示范建设工作，同济大学外国语学院主动对接国家战略和行业需求，以外语赋能新文科综合改革为抓手，以多元协同整合院系和国内外资源为机制，以融通中外践行同济天下目标为追求，积极探索以国际传播能力提升为导向的“大外语”实践育人新模式，旨在培养深谙中国话语和中国叙事特色、具备国际传播能力的社会栋梁与专业精英。

一、问题针对

在中华民族伟大复兴战略全局和世界百年未有之大变局相互叠加和交织的历史阶段，国际传播和对外话语能力严重不足已成为我国参与全球治理的掣肘之一，亟须培养一大批具有家国情怀、能够对外讲好中国故事的复合型专门人才。然而，目前国际传播领域的实践育人过程中存在以下问题：一是外语教育未能有效赋能思政教育，实践育人过程中思想引领不够；二是缺乏顶层设计，未能打破学科间、资源供给方间的壁垒，多方协同的实践育人机制尚未形成；三是国际传播实践平台的资源挖掘不够，未能提供融通中外的国际传播实践的现实场域。

二、主要做法

为破解以上问题，同济大学外国语学院依托“三全育人”综合改革示范建设工作，主动对接国家战略和行业需求，承担服务学校国际化、提升学生国际传播力和全球胜任力的育人使命，以外语赋能中外互鉴的价值塑造新理念强化思想引领，建设多元协同、交叉贯通的人才培养新机制，构建中外联通、知行合一的实践育人新体系，形成“大外语”育人格局，秉持“从‘注重把世界介绍给中国’转变为‘聚焦把中国展现给世界’”的育人理念，形成以国际传播能力提升为导向的实践育人新模式。具体做法如下。

1. 以外语赋能中外互鉴的价值塑造新理念

（1）外语赋能课程思政

融合外语教育、通识教育及专业教育，将讲述中国的思政理念融入覆盖全专业、全学段的大外语课程链；聚焦对德对欧传播，以英国、德国、法国、意大利等对象国知识体系为核心形成“外语 + 专业 + 地区”跨学科课程链，突出中外文化互鉴、中国特色话语翻译传播、国际话语分析等维度的知识与能力培养，引导学生在国际比较中加深对中国价值和中国式现代化的理解。

（2）外语赋能思政实践

通过开展中国当代文化、红色文化、传统文化国际传播的实践教学，拓展国内外各类教育资源，多方共建人才培养实践基地。以红色文化国际传播为支点，与井冈山、延安、遵义等地共建人才培养实践基地，以“传承红色基因，赓续革命血脉”为使命，开展红色文化翻译传播实践，组织中外学生奔赴甘肃岷县、四川李庄等多个红色文化主题展馆进行考察，参与当地公示语和红色旅游外宣资料的英文翻译、英文支教等专业志愿服务，通过内涵丰富、形式多样的外语课程思政实践教学活动，提升学生扎根中国、融通中外的自觉意识与实践能力。

外语赋能课程思政和思政实践

2. 建设多元协同、交叉贯通的人才培养新机制

（1）多元协同育人

以国际传播能力培养为支点，通过大类培养和大类管理，打破学科间、部门间壁垒，实施跨院系联合备课与教研资源统筹，促进学科融合，建立“大外语”格局；以“挑战杯”“互联网 +”等重大赛事为驱动，联动教学、学工、系部、导师等校内育人队伍，打造专业教师、教辅人员与行政管理人员三位一体的思政育人合力；以外语与技术传播融合为桥梁，联通校友、企业、政府部门等校内外育人力量，选优配强行业导师，实现双师联培、协同育人。

（2）交叉贯通培养

将外语与传媒、国际政治等传播知识交叉，与建筑、土木、经管等学科知识复合，将跨专业领域国际话语与中国故事融入外语教育，开设融通中外系列课程群，构建交叉性知识结构。在“本科苗圃—硕士拔尖—博士精英”贯通式培养机制中，实现“外语荣誉计划 + 多语微辅专业 + 卓越国际组织人才项目”贯穿“外语 + 专业 + 实践”国际传播力培养全过程。

（3）多维评价保障

基于政产研学全过程建立评测指标，完善全程监控督查制度和评价反馈机制，建立

“学科、专业、课程责任岗位”三岗联动教学管理梯队，实行导师招生和岗位动态调整机制，构建课堂学习时效、参与科研绩效、服务行业功效、国际交流实效等综合评价机制，建立政产研学并重的人才培养多元评价体系。

建设多元协同、交叉贯通的人才培养新机制

3. 构建中外联通、知行合一的实践育人新体系

（1）联通国际资源

聚焦中德、中法、中意、中芬、中西等国际平台的育人功能，深化与多所国外高校的育人协同，优化实践育人的国际化资源供给，与英国伦敦大学学院、澳大利亚新南威尔士大学、美国威斯康星大学麦迪逊分校等搭建国际学术交流平台，并与德国、日本、比利时和加拿大等多所院校设立交流项目，助推学生跨文化能力和全球视野的提升，体系化多语种精准国别传播人才培养。

（2）实施产教融合

拓展和优化不同行业领域国际传播实践资源的供给，与井冈山革命博物馆、延安鲁艺文化中心等机构共建国际传播合作基地，与世界500强企业共建实践中心，与中国日报社、21世纪报社等机构联合开展国际传播人才培养，与《经济日报》、中国外文出版发行事业局等机构共建国际传播人才培养基地，每年输送学生赴基地学习、进修或实习、就业，提升学生国际传播实践能力。

（3）开展多元实践

借助报刊、短视频、纪录片和“两微一端”等融媒体平台，为学生提供对外话语实践的现实场域，提升学生的多模态传播能力；通过多个翻译传播实践平台，实现中外学生“携手行走认识中国”，在中外文化交流互鉴中，协同培养中外学生讲好中国故事的能力。学生活跃在进博会等国际盛会，革命老区、社区、医院和海内外网络平台，以外语专长服务国家战略和城市发展，如“红色济译”团队将讲述红色文化故事的视频发布在 YouTube、TikTok 等海外视频网站，审校维基百科（Wikipedia）、Quora 中对红色文化的阐释存在偏见、歪曲或错误的词条，并据此推出《红色文化翻译传播指南》。

构建中外联通、知行合一的实践育人新体系

三、经验与思考

经过多年建设，学院以国际传播人才培养为目标，在实践育人的理念、机制、平台等方面创新发展，取得显著育人成效。学生国际传播能力显著增强，国际传播项目先后获得“挑战杯”国赛二等奖、“互联网 +”全国铜奖、“中国青年志愿服务项目大赛”金奖等多个重要奖项，形成了同济特色的国际传播品牌，相关成果被央视新闻、《中国教育报》、新华网、《中国青年报》、澎湃新闻、上观新闻等多家媒体报道；学生创作的国际传播作品全球点击量超 1.7 亿，传播活动影响巨大；学生国际就业实习覆盖联合国开发计划署和亚太遗产中心等多个国际组织。

实施“外语赋能，多元协同，融通中外”的国际传播人才培养新路径，应以国际传播能力培养为新时代外语教育的重要使命，实现人才培养的理念创新；以同济大学新文科综合改革为契机，以国际传播能力培养为支点，实现外语教育在高校整体育人中的横向拓展和纵向深化；聚焦国际传播能力培养，打破学科壁垒，建立交叉贯通的实践课程体系，实现实践育人模式创新；以外语教育促进学生对外话语实践，实现国际传播教学平台的升级创新，为学生参与国际话语实践提供多元场域，构建国际传播人才实践能力培养的新平台。在此基础上，应着重“外语赋能”的牵引作用，优化高校实践育人过程中“思想引领”“机制建设”“体系构建”之间的耦合机制，构建“大外语”实践育人新格局，显著提升学生国际传播能力，提出可复制、可推广的同济方案，助力解决我国国际传播“卡嗓子”问题。

（撰稿人：郑春荣、李疏贝、李小蜜）

第二章
为学生铸造成长“大熔炉”

为党育人、为国育才，是教育的初心和使命。新时代下“三全育人”理念的不断深化发展，使资源整合、队伍优化、协同合作成为高校思想政治教育发展的必然趋势。“三全育人”就是要发挥不同育人主体的作用，把各领域、各环节、各方面的育人资源和育人力量集聚起来，通过融入经常、渗入日常的办法，给学生以人生启迪、智慧光芒、精神力量。同济大学铸造学生素质修炼的全景式“大熔炉”，实现各方力量、各种资源的互联互通。学校全面统筹办学治校各领域、教育教学各环节、人才培养各方面的育人资源和育人力量，打造课内课外、线上线下互相贯通的全方位育人空间，形成校内外一切育人力量共同参与的教育网络。在提升社区育人功能方面，对照学生社区育人功能内涵，学校积极探索形成学生社区育人功能体系的“标准范式”，构建全方位、立体式、浸润式的社区育人大空间；在信息化建设方面，以超高速、低时延、大连接、高可靠的 5G 技术为驱动，建立万物互联、具备高度智慧能力、“人一机一物”深度融合的信息化生态；在校企合作方面，结合学院特色、学科需求，深入开展校企合作，构建校企育人共同体……学校通过集合各种有效的育人资源，充分挖掘各领域的育人要素，发挥各场域的育人功能，运用多种形式的育人载体实现学生、教师、学校、社会等育人主体的贯通融合。

弘扬革命文化，赓续红色血脉

——记同济大学挖掘红色校史，传承红色基因，培育时代新人

党委宣传部

为充分发挥革命文化、校史文化中红色基因的内在丰富能量和强大精神感染力，持续推进“三全育人”综合改革试点工作取得更大成效，中共同济大学第十一次代表大会召开以来的五年，学校紧紧围绕立德树人根本任务，在校史红色文化的挖掘、呈现、融入等方面持续发力，以文化人，以史育人，大力弘扬革命文化，传承同济红色基因，培育堪当民族复兴重任的时代新人。

一、问题针对

学校充分发挥档案馆（校史馆）馆藏资源优势，立足档案编研和校史研究工作，积极挖掘红色档案史料，深入挖掘了中国共产党地下党组织和共青团组织在同济大学产生、发展和领导师生革命的历程，系统梳理了同济大学的光荣革命传统，展现了同济师

生的爱国主义情怀和崇高革命精神。此外，学校编著出版《同济英烈》(第二版)，详细介绍了25位烈士的生平事迹和光辉思想，弘扬英烈斗争精神。红色基因的阐释凝练工作取得了一定进展，但在如何持续传承发扬革命精神和红色基因，特别是完善育人载体、拓展传播途径及加强育人实践效果等方面仍需着力提升。

二、主要做法

1. 完善红色文化育人载体，提升校内文化设施的红色育人功能，增强学校红色文化底蕴，加强师生爱国主义教育、校史校情教育

为深入打造学校党史校史教育、爱国主义教育新地标，丰富红色文化内涵，在杨浦区退役军人事务局的支持下，学校于2021年启动了学生运动纪念园的修缮及新增浮雕项目，并于2022年9月完工。本次修缮工程在纪念园入口处新增了反映同济大学“一·二九”事件的纪念浮雕，展现了轰轰烈烈的“一·二九”爱国学生运动场景、德文医学堂（同济大学前身）1907年建校时的校门、尹景伊烈士像、淞沪抗战中被日寇炸毁的校园，以及随后学校六次迁校并最终在四川李庄继续办学的史迹，充分展现了同济大学的光荣革命传统。靠近纪念园打造“一·二九”爱国主义教育室，成立“一·二九”宣讲团，每年面向全校新生团支部开展主题宣讲，传承同济红色基因。在同济大学文明网开设“同济记忆”专栏介绍纪念园情况和英烈相关事迹。此外，学校发挥校内文化设施的育人功效，举办伟大建党精神系列红色主题展览，在师生中传播和弘扬革命精神和红色文化。依托中华人民共和国成立70周年、中国共产党成立100周年、建校115周年等重大时间节点，同济大学档案馆（校史馆）、图书馆（博物馆）等在各校区开展“伟大开端——中国共产党创建历史图片展”、“启航——中国共产党早期在上海史迹展”、“跨越时空的井冈山精神”主题展览、“夯实根基 引领发展——庆祝中国共产党建党100周年主题展”、“新中国从这里走来——庆祝建军95周年解放战争经典战役联展”、“延安精神 永放光芒”主题展等展览，激励师生弘扬革命文化，赓续红色血脉。

学生运动纪念园新增浮雕及修缮志

夯实根基 引领发展——庆祝中国共产党建党 100 周年主题展

2. 拓展红色文化传播途径，充分依托融媒体、互联网等平台，以青年人喜闻乐见的丰富形式，让红色文化与青年学生“同频共振”

为更广泛地向师生校友和社会大众讲好英烈故事、弘扬英烈精神，学校编著出版《同济英烈》（第二版）的同时，于 2020 年 6 月启动“同济英烈”系列微信推送，把红色资源作为进行革命传统教育、爱国主义教育、思想道德教育的生动教材。同期推出广播栏目《英魂济忆》，校广播台的学生在专业教师的指导下完成该栏目音频的全部编辑、播音和制作工作，栏目音频已在同济大学广播台、网易云音乐、喜马拉雅等平台向社会大众播出。2021 年“五四”青年节前后，学校官方微信公众号推出“我和我的学校·红色记忆”专栏，以翔实图文和漫画视频相结合的主题推送，生动形象地讲述了建校百余年来同济青年济世兴邦的感人故事。至 2022 年底，学校官方微信公众号已完成殷夫烈士、尹景伊烈士、“一·二九运动”等 16 部“同济英烈”系列微视频（动画）和红船精神、井冈山精神、长征精神、延安精神等 16 部《中国精神》系列动画短片的制作发布。在多年积累的抗战西迁校史研究成果的基础上，学校和上海广播电视台共同制作了纪录片《山河行过——抗战中的同济大学》并于 2019 年 9 月首播。该片以多种艺术手段，再现了学校在民族危亡之际六次迁校、弦歌不辍、教育报国的伟大壮举。以 115 周年校庆为契机，学校分别与中央广播电视总台、上海广播电视台联合制作发布纪录片《抗战中的李庄——书声琅琅》《百十五载 与国同行》，从校史中回溯强大精神力量，激励师生以实际行动践行“与祖国同行、以科教济世”的初心和使命，自觉将小我融入大我，为中华民族的伟大复兴而奋斗。学校充分利用互联网平台，多维度多形式提升线上线下校史教育、爱国主义教育功效，加大传播力度，相关活动得到师生校友普遍赞誉，为弘扬革命文化、赓续同济红色血脉增添亮色。

广播栏目《英魂济忆》及《同济英烈》系列微视频

《山河行过——抗战中的同济大学》首播仪式、纪录片《抗战中的李庄——书声琅琅》和《百十五载 与国同行》

3. 注重红色文化育人实践，挖掘专业课程的红色基因，加强课程思政建设；注重第二课堂与第一课堂相结合，充分依托红色精品艺术创作，将红色基因融入教育全过程

学校大力推动“思政课程”向“课程思政”转变，推进各类课程与思想政治理论课程同向同行，深入挖掘专业课程的德育内涵和学校红色基因。同时，学校充分发挥实践作为育人第二课堂的重要作用，依托“红色之旅”“红色实践”等课外形式，广泛开展走访浙江嘉兴南湖、江西井冈山、山东临沂、陕西延安及河北西柏坡等革命圣地，以及走访中共一大、二大会址等红色文化场馆活动，在寻访红色足迹的实践锻炼中加强对学生的爱国主义教育和革命文化教育。外国语学院组建的“红色济译”团队采用线上线下混合、中外译者合作、师生共同参与的形式，就井冈山革命博物馆展陈词、红色文献、红色典籍、红色影视与歌曲等多模态文本完成20余万字的红色文献英译与修订任务，建设红色文化翻译的术语库、语料库、案例库和教案库，为红色文化外译、红色翻译理论建构作出了积极贡献。此外，学校致力于开展反映同济红色历史和革命文化的艺术创作，2018年以来，组织开展“红色艺术教育周”“红色艺术教育季”等活动，陆续编演同济校园版歌剧《江姐》、原创民族实验歌剧《志丹，志丹》，以艺术形式推动革命传统教育。2019年首演原创大师剧《国之英豪》，2021年首演原创话剧《铸诗成剑》，二者与依承学校百余年办学脉络创编的校史剧《同舟共济》串联成有鲜明特色、有清晰脉络的“同济三部曲”，不断延展校史运用的广度、深度、高度。与此同时，学校开展了一系列高质量的文艺活动，为弘扬革命文化、赓续红色基因提供了生动载体。

原创话剧《铸诗成剑》与原创民族实验歌剧《志丹，志丹》

三、经验与思考

习近平总书记指出：“中国式现代化是物质文明和精神文明相协调的现代化，要弘扬中华优秀传统文化，用好红色文化，发展社会主义先进文化，丰富人民精神文化生活。”同济大学历史悠久，声誉卓著，蕴含丰富红色基因，在用好红色文化资源、赓续红色血脉方面，从学校实际出发，形成了如下经验与思考。

1. 完善育人载体

用好校史馆、博物馆、红色遗址等校内各类文化设施，提升红色文化育人功能，充分挖掘、凝练学校的红色校史资源，厚植红色文化底蕴，并以此加强师生爱国主义教育、校史校情教育。

2. 拓展传播途径

充分依托融媒体、互联网等平台，以短视频、微动画、纪录片等影音媒介，抓住青年学生的兴趣点，让红色文化与其“同频共振”，进一步达到广泛传播同济红色文化，鼓励广大师生践行初心使命的目的。

3. 注重红色文化育人实践

挖掘专业课程的红色基因，加强课程思政建设，注重第二课堂与第一课堂相结合，发挥专业优势，打造校园原创红色艺术精品力作，将革命精神教育融入教学、融入实践、融入创作。以多元形式丰富革命文化，将红色基因融入教育全过程。

未来，同济大学将在学校党委的坚强领导下，紧紧围绕立德树人根本任务，持续弘扬革命文化，赓续同济红色血脉，为推进“三全育人”综合改革试点工作取得更大成效，为奋力开拓中国特色世界一流大学建设新局面凝聚磅礴精神力量。

（撰稿人：张铭旭、邹晓磊）

从“只跑一次”到“一次不跑”

——研究生院办公信息化助力“三全育人”新实践

研究生院

“主动作为、精简流程、提质增效，打通服务师生‘最后一公里’，努力实现师生从‘只跑一次’到‘一次不跑’”是同济大学研究生院始终努力的目标。为全面纵深推进“三全育人”综合改革，回应新时代对高校研究生教育教学管理与服务高质量发展的新要求，研究生院对标管理育人与服务育人内涵，以办公信息化改革促进教育治理能力和治理体系现代化，助力“三全育人”新实践。

一、问题针对

研究生院承担了学校研究生教育教学管理与服务的核心任务，包括从招生考试、教育教学管理到学位授予等研究生培养的全过程环节，涉及部门多，培养链条长；同时学校研究生分布在四平路、嘉定、沪西等多个校区，校区间的距离使部分事务办理仍然存在时间差和不方便等问题。上述客观条件决定了研究生院“跨校区、跨部门、跨条线”的工作特点。因此，如何实现流程精简、环节提质，打通服务师生“最后一公里”，让师生实现从“只跑一次”到“一次不跑”，以提高管理质量和效率，提升服务能力，成为研究生院深化“三全育人”改革的着力点。

二、主要做法

为推动改革，研究生院召开师生座谈会，摸清难点、痛点，多次召开院务会和全院会议进行专门研究和部署，以问题为导向，梳理业务，进行流程再造，利用信息化技术多措并举，减少校区距离等给师生带来的不便，进一步提高研究生院的工作效率和服务质量。具体做法如下。

1. 再造业务流程，大幅减少线下材料流转

研究生招生、培养、管理和学位授予等各个工作环节涉及大量通知和业务材料审核，平均每月有数百份纸质材料需要在多个校区间传递，跨校区审核盖章至少需要 2 个工作日，费时费力。研究生院针对此问题精准发力，针对研究生培养全程开展深入调研，进行业务梳理和流程再造，大幅增加线上审批流程，推进无纸化管理服务。

（1）再造招生考试业务流程，推进招生办公信息化

“从研究生招生考试报名到录取，线下我只参加过全国统考，其他环节如报名信息确认、复试资格审核等均在线上完成，无须现场办理。”一名考生如是说。这是研究生院管理信息化的一个缩影。2022 年初，研究生院又对研究生自命题试卷整理和阅卷工作流程进行再造，将纸质阅卷改为数字化阅卷，不仅大幅提升了阅卷效率，还确保了阅卷和记分准确，受到阅卷老师的一致好评和上海市考试院的公开表扬。

（2）再造培养管理业务流程，实现培养管理信息化

2021 年上线的教学管理系统集成了多项业务的线上办理渠道，包括休复学申请、变更导师申请、个人退学申请等，研究生可通过系统提交申请，导师、学院和研究生院

线上审核，大大提高了效率。同时，研究生院快速响应学生最新需求，在两周内紧急开发线上查询及下载研究生中英文成绩单、在读证明等系统功能。

（3）再造学位审核业务流程，推动学位流程信息化

为优化研究生学位审核备案管理工作，在规范学位审核管理流程的基础上，为进一步满足师生对学位工作的相关诉求，研究生院多次调研，并依据调研结果和业务需求升级学位审核管理系统，简化院系及学位分委员会备案待审批学位的线上流程。同时，为满足应届生就业需求，研究生院还制作了电子版答辩通过证明和电子版学位证，解除了毕业生的担忧。

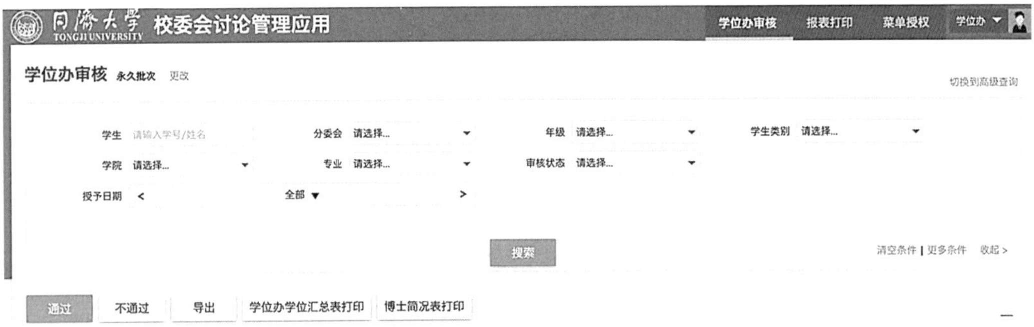

学位审核管理系统

同济大学自助打印服务系统

2. 打造自助服务功能 2.0，构建“一次不跑”办事通

研究生院自推出自主服务打印终端以来，将业务量大、重复性高的业务工作整合优化，便捷了师生，实现了业务办理“只跑一次”的效果。经长期试验与调研，结合业务更新带来的新要求及师生新的需求，研究院与多部门协同，对自助服务打印终端进行了多次升级优化。该终端现已集成本研一体化自助服务 12 项，其中研究生业务包括中英文成绩单、在读证明打印，研究生证申请补办，火车票优惠卡信息查询、写卡、充值、信息

更改等日常业务，自助服务终端覆盖全部校区。经统计，2021 年全年研究生自助打印超过 15 000 次，服务效率和质量明显提高。“在宿舍也能正常办理业务，都不用跑去瑞安楼了”，这是许多学生的真实感受。面对新冠疫情等突发情况，研究生院联合学校信息办，将自助打印升级为自助下载，及时在已有自助服务机器的基础上新增网络自助下载服务，提供研究生中英文成绩单、在读证明、答辩通过证明、学位证明等网上查询和自助下载服务，让学生足不出户也能办理业务。

3. 设置“首问视频会议室”，师生问题即时答

利用信息化手段即时解答师生问题，让师生快速获得业务咨询“Q&A”服务是研究生院“首问会议室”的设立初衷。2021 年 10 月起，研究生院率先在嘉定校区的材料科学与工程学院、汽车学院试点“首问会议室”，开通面向校内学生和教师的“首问视频会议室”，师生可通过视频会议方式就研究生培养过程中的相关问题进行“面对面”在线咨询。2022 年春季学期开学后，研究生院面向全校师生开通了“首问视频会议室”。院内各部门落实“首问负责制”，实行 8 小时在线值守，对师生有问必复，针对一些提问还即时将负责具体业务的工作人员邀请进会议室和咨询师生直接交流，进一步为师生答疑解惑。在特殊时期，研究生院进一步延长“首问视频会议室”的开放时间，及时接收、回答和解决师生遇到的急难愁盼的问题，起到了良好的效果。研究生院还通过教学系统和微信公众号推出相关业务问题常见问答，深受师生欢迎。

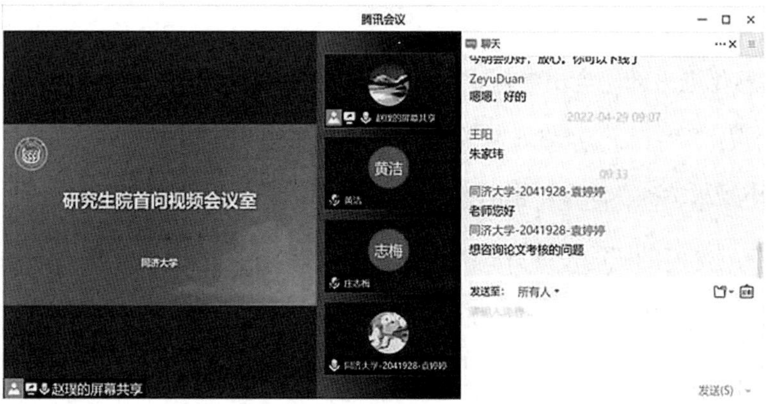

研究生院首问视频会议室

三、经验与思考

信息化办公模式的改革，整体推动了研究生院工作的高效开展，便捷了师生业务办理，实现了“规范管理的要求”与“春风化雨的方式”的有机结合。研究生院信息化办公模式的改革，是研究生院强化科学管理、促进管理能力提升和管理体系现代化的有效尝试，是营造管理育人环境的重要举措，也是提升服务育人能力的有效手段。

1. 以信息化促进业务流程再造，提升管理服务育人准度

信息化助力下的业务流程再造提升了各管理环节的程序标准、效率标准及多校区管理服务质量的标准，各环节以标准为基石运行，各校区师生都能享受无差别服务，让师生在标准中享受便捷与高效，强化了标准化科学管理对师生道德涵育的保障功能，让师生在治理有方、管理到位、风清气正的育人环境中乐教乐学。

2. 以信息化打造学生自主服务，提升管理服务育人速度

以信息化手段为学生成长发展需要提供靶向服务，增强信息业务终端的功能供给，满足学生自主打印、在线下载等功能需求，实现日常服务事项突破时空限制，提升了服务速度。学生在高效的管理模式下实现了业务自助，强化了自我管理，研究生院管理服务育人速度提升。

3. 以信息化推进部门全员参与，提升管理服务育人温度

“首问会议室”“官微信息发布”等信息化平台使研究生院的管理人员全员参与，与学生面对面解决学生个性化问题，即时回应学生需求。信息化重组了线上线下工作的结构安排，优化了管理部门的职能发挥方式，提升了育人主体的精细化业务能力，助力了“全员育人”理念的实践，让学生在“面对面”中感受到研究生院管理服务育人的温度。

（撰稿人：司惠文）

“小社区”的“大作为”

——同济大学全面提升学生社区育人功能

党委学生工作部、研究生工作部

为纵深推进“三全育人”综合改革试点建设工作，同济大学回应新时代学生的新特点、新需求，对照学生社区育人功能内涵的丰富和拓展，积极探索形成学生社区育人功能体系的“标准范式”，着力构建全方位、立体式、浸润式的社区育人大空间。

一、问题针对

高校学生社区作为大学生日常学习生活的重要场域，不仅是重要的物理空间，而且是具有丰富育人内涵的精神家园。但是目前高校学生社区存在育人功能体现不足问题：公共空间功能布局、文化氛围营造等空间环境要素建设现状与时代新人的成长发展诉求存在差距；育人资源与育人力量等育人关键要素有效导入不足，全员育人构筑的合力尚未形成；保障机制、协同机制与长效机制等制度管理要素建设不完善。

二、主要做法

为解决以上问题，同济大学依托“三全育人”综合改革试点建设工作，大力提升社区育人功能。通过重塑学生社区育人功能，推进社区公共空间改造升级，将“五育”元素融入学生日常生活；凝聚各方育人力量形成育人共同体，建立学生社区协同育人工作机制，筑牢社区育人资源保障。具体做法如下。

1. 重塑学生社区育人功能

充分调研学生成长发展需求，创新学生社区功能定位。明确社区空间育人功能：从单纯的休息场所转变为传递价值理念、知识与信息的重要场所；提升社区环境育人功能：由单一生活环境向多元综合环境拓展，强化学生社区在学生思想政治引领、社会主义核心价值观培育、行为规范养成等方面的重要作用；增强社区管理育人功能：将社区工作重点由以管理为中心向以育人为中心转变，通过贴身陪伴、贴心交流，因材施教、深耕细作，打造“个体环绕”的社区育人微空间。

2. 延展学生社区育人空间

根据学生成长过程中呈现的多元需求，结合不同社区空间的实际情况及学生特点，在社区全方位配齐完善宿舍软硬件设施，实现丰富多样的社区功能。将学生社区空间功能延展为“9+1”项功能：“9”即党团活动室、传统文化工作室、自习室、爱心屋、健身房、宣泄室、洗衣房、浴室、自助厨房；“1”即驻楼导师工作站。依据学生党员发展

学生社区为整层空间打造“9+1”功能

学生社区党建活动室功能图

不同阶段的全过程，建立 21 间具有不同功能的社区党建活动室，形成学生社区党建工作体系。

3. 营造浸润育人环境

将“五育”元素融入社区空间，以润物无声的“浸润式”方式强化育人成效。建立“学生党员亮相墙”，营造“有困难找党员”的良好氛围。以学业研讨室、自习室、阅读室为依托，开展图书漂流、经验交流、朋辈讲堂等活动，营造宿舍良好学风。以健身房、心语屋、爱心屋为依托，开展“解忧杂货铺”等活动，使学生在紧张的学习生活中能够保持良好心态和健康体魄。以美育室为依托，结合二十四节气及中国传统节日特色开展“非遗文化进社区”等美育活动，引导学生将弘扬优秀传统文化与践行社会主义核心价值观有机结合。以洗衣房、社区义务劳动岗等为依托，设置垃圾分类督导员、宿舍安全检查员等实践岗位，让学生在实践中培养正确的劳动价值观和良好的劳动品质。

打造社区“五育”浸润空间

4. 凝聚协同育人力量

以推进“三全育人”综合改革试点为契机，将学生社区作为提高人才培养质量、促进学生全面发展的重要载体。校院领导班子成员带头进学生社区，密切联系学生；建立知名教授、专任教师等驻楼制度，每年开展社区讲堂、学术研讨、成长问诊和师生对话等活动近 400 场，有针对性地为学生提供思想引导、学业发展、科研训练、项目实践等辅导；辅导员入驻社区，发挥统筹协调重要作用；社区管理服务人员做好学生日常管理工作；学生骨干参与社区工作，加强学生自我教育；邀请杰出校友和先进人物参与社区育人，帮助开阔学生视野。凝聚各类育人力量和育人资源，纵深推进全员、全程、全方位育人。

校领导、知名教授、学者下沉学生社区一线

5. 建立学生社区协同育人工作机制

每学年由各育人部门下发《学生社区驻楼导师工作站建设方案》，明确工作职责，形成有效合力；将教师承担驻楼导师工作写入《同济大学关于加强和改进新时代教师思想引领工作实施意见》；将学院开展驻楼导师工作纳入年终考核体系。构建片区、楼宇、楼层、宿舍和学生全覆盖的网格化工作体系，打造“学院—系所—班级”纵向管理与“学院—社区—宿舍”横向服务相互作用的运转机制。以“责任到楼、片区协作、导师轮转、学科交叉”的模式设置驻楼导师工作站，每个楼由楼宇牵头学院制定本楼宇驻楼导师工作计划，选派 10 名驻楼导师，每名驻楼导师每学期驻楼一周开展工作；每个片区由片区牵头单位统筹楼宇间驻楼导师轮转工作，每学期片区内每个楼至少有 1 次驻楼导师入驻开展工作。

三、经验与思考

随着学生社区空间的改善及育人资源与力量的有机融入，学生社区在育人方面的成效日益凸显，构建了包括“党建工作、理想信念、学风建设、安全卫生教育、文化浸润”等内容的学生社区思政工作“五个微”体系，打造了一支社区育人共同体，营造了平等、友爱、宽松的育人氛围，有效提升了学生向党组织靠拢的积极性，有入党意愿的学生比例持续提升。

1. 构建学生社区空间育人功能充分发挥的协同育人机制

形成学校党委统一领导、党政齐抓共管、各部门协同联动的工作机制。各部门相互衔接，分工协作，共同打造学生社区育人空间，建立“学校—学院”“学校—社区—楼层—宿舍”双线并进的社区思想政治工作系统。

2. 建立学生社区空间育人功能充分发挥的资源配置机制

以资源整合、优化管理、加强育人为导向，丰富社区功能，将各类育人资源整合并下沉到学生社区，让各类教育引导活动处于有序化状态，打造围绕在学生身边的全方位、立体式、浸润式育人时空。

3. 完善学生社区空间育人功能充分发挥的制度保障机制

明确将学生社区管理纳入高校整体教育工作，加大经费投入。修订完善学校层面学生社区管理规范和细则，配套出台学院层面的相关制度，明确规定不同学生社区育人队伍的岗位职责。

（撰稿人：吴晓培）

榷问治学，榷文济世

——同济大学文榷堂多元化综合文化育人平台建设

图书馆

为充分发挥同济大学嘉定校区的优势，立足师生需求，围绕“五育并举”，服务立德树人，同济大学文榷堂以“传统博雅、山河筑梦、国际融合、科艺同源、芥舟济艺”为主旨，通过专题展览、讲座沙龙、文艺鉴赏、实践体验等形式丰富同济师生的文化生活和文化实践，形成了立足图书馆文化资源、结合校区学科特色、展示嘉定区域文化底蕴、传播同济文化与精神的多元化多形式、高层次高品质、融新知重体验、多渠道广宣传的多元化综合文化育人平台。

一、问题针对

不同大学的历史传统、学科特色和校园文化不同，在“三全育人”方面的做法和特色存在一定差异。而同一所大学的不同校区因所在地的地域特点、学科组成及师生结构不同，在“三全育人”实践，尤其是文化育人方面形成的特色和风格也有所差异。以同济大学嘉定校区为例，存在以下几个问题：与四平路校区文理工结合的综合学科布局不同，嘉定校区的学科偏重理工科，“三全育人”实践与学科特色融合不足；嘉定校区作为嘉定区国际汽车城建设的重要组成部分，在校地合作及文化育人平台建设方面的作用有待进一步发挥；图书馆作为文化育人的重要场所，需进一步拓宽结合特色文化空间的建设和管理服务“三全育人”的途径，可通过开展展览、课程、文化实践等多元化的文化活动，进一步发挥文化育人职能。

二、主要做法

针对以上问题，同济大学在嘉定校区图书馆设立了文権堂。作为学校党委宣传部和图书馆共建的文化育人平台，文権堂围绕“五育并举”，以“爱国爱党爱校 立德立信树人”系列展览、“礼敬中华 名家讲坛”系列讲座、“嘉定校区教师文化沙龙”、“文権雅时——传统文化生活节”、“文権育美”系列课程，以及“文権工坊”“文権书画坊”“文権琴棋坊”等文化品牌活动为载体，根据学生需求，创新“智育”“劳育”“美育”与实践教育相结合的文化育人方式，结合课程育人、实践育人、文化育人、服务育人，为学生提供高层次、高品质，融新知、重体验，寓教于乐、寓美于行的新型文化育人实践平台，丰富了嘉定校区师生的文化生活，扩大了同济大学的文化辐射力，形成了良好的文化育人环境，成为嘉定校区文化建设的重要阵地。

1. 通过“礼敬中华 名家讲坛”实现文化鉴赏育人

文権堂策划推出文化品牌项目“礼敬中华 名家讲坛”，邀请书法、绘画、艺术人文、非物质文化遗产等中华优秀传统文化领域的知名专家、学者和技艺传承人举办专题讲座，开阔师生的文化视野，提升师生的文化鉴赏能力。“礼敬中华 名家讲坛”自开设以来，每年举办 8 ～ 10 期，讲座内容包括“邹晓松：瓷器——改变人类生活方式的伟大发明”“郑轩：黄金率结字法通解”“周红：评弹艺术与红色传承”“费永明：潢治惶疑——书画修复的疑惑与探索”“高春明：中国服饰与中国文化”“刘绥滨：青城武术与太极文化”等，内容丰富，包括中华优秀传统文化的多个方面。系列讲座为嘉定校区师生提供了丰富的文化鉴赏平台，让师生能够与专家、学者和非遗传承人深入交流，成为校园里一道靓丽的文化风景线。

每月一次的“礼敬中华 名家讲堂”成为嘉定校区师生的“文化大餐”

2. 策划举办“爱国爱党敬校，立德立信树人”系列展览

文榷堂与同济大学国家级宝石教学团队合作，以“中国玉石及玉文化鉴赏”“珠宝鉴赏”等同济大学立德树人示范课、国家级一流本科课程为依托，以“爱国、爱党、敬校；立德、立信、树人”为导向，激发学生创意，强调以学生为主体，策划、筹备、设计、布置系列展览，践行“三全育人”。自2020年以来，先后推出了“红映同济——庆祝建党百年琥珀雕刻艺术展”（“爱党”主题展）、“红色印记，百印献礼——庆祝建党百年主题展”（“立信”主题展）、“同济印迹——同济大学建校115周年印信文化展”（“爱校”主题展）。除此之外，围绕展课结合、展育结合，文榷堂在2022—2023年陆续推出“爱国”“立德”“树人”三个主题展览，以实现文化育人，并将相关成果编辑印制成《同济大学“爱国爱党敬校 立德立信树人”系列文化育人实践》宣传册，在校内外广泛宣传，扩大同济大学“三全育人”的社会影响力。

2020 年 11 月 1 日，举办“匠心神韵——国家级非物质文化遗产木版水印艺术作品展”

2021 年 3 月 19 日，举办“微观艺葳蕤——微结构摄影作品暨献礼建党百年材料学科艺术展”，启动“材料学科文化月”

2021 年 12 月 10 日，举办“红色印记　百印献礼——庆祝建党百年印石文化展”

3. 持续推出线上线下相结合的“文榷育美”系列课程

文榷堂在 2021 年策划推出了线上线下相结合的“文榷育美”系列课程，包括“与古为徒——发现另一种可能”系列书法课程，以及“水墨山水画——领略自然山水艺术之美""插花艺术——美与浪漫共生"系列视频课程，通过书法、绘画、文化综合类等线上线下相结合的课程，围绕"美育·育美"，结合学校的办学特色与同济文化，推动美育与德育的融合，形成了同济大学嘉定校区独有的美育人文特色。文榷堂通过与嘉定区文化馆、安亭镇文体中心等地方文化机构合作，充分利用嘉定校区所在的嘉定区和安亭镇的文化资源，开展校地合作，丰富"文榷育美"系列课程的资源，丰富课程内容，创新推广形式。

推出"文榷育美"系列课程，包括书法、绘画、插花等，加强对师生的美育培养

4. 推出"文榷工坊""文榷书画坊""文榷琴棋坊"等劳动实践课程和体验活动

文榷堂自 2020 年揭牌以来，结合国家级非物质文化遗产木版水印、嘉定竹刻及具有上海地域特色的安亭药斑布、嘉定苏绣等中华优秀传统文化，面向学生推出了"文榷工坊"系列课程，将理论和实践相结合，让非遗传承人为学生讲述理论和指导学生实践，结合 12 课时的持续深入课程学习举办师生创作展，以达到传承中华优秀文化，开阔学生的审美视野，提升学生的文化技能的目的。"文榷工坊"系列活动推出后，受到学生的一致好评。在此基础上，图书馆在嘉定校区文榷堂改造完成了"文榷工坊""文榷书画坊""文榷琴棋坊"等空间，充分结合学生需求和劳动育人实践，推出

书画创作、艺术研习及木版水印、嘉定竹刻、药斑布印染、古籍书签书灯制作、珐琅掐丝等常设工坊体验项目，供学生结合需求开展文化类实践，提升学生的审美水平和劳动技能。

举办古籍阅读交流与古籍书灯制作活动

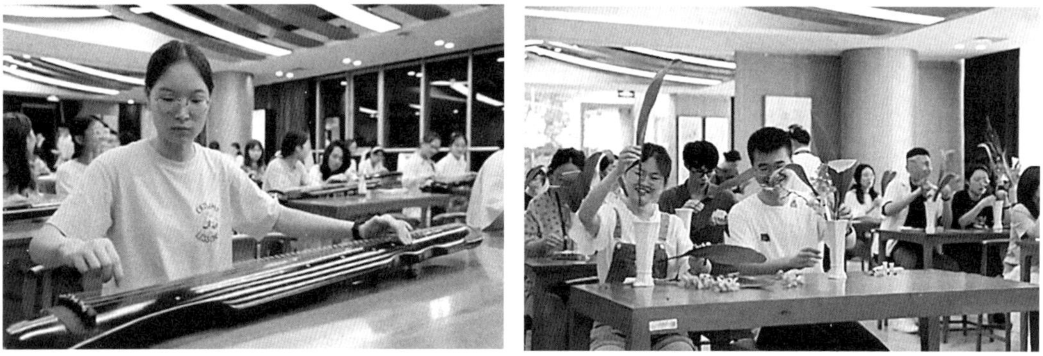

为学生提供丰富多样的文化实践

三、经验与思考

文権堂多元化综合文化育人平台能在短短 3 年内迅速成为同济大学嘉定校区的文化地标，在师生校友中间形成广泛的文化影响力，在具体做法上，主要有以下四个特点。

1. 立足校区资源，提供多元化多形式的文化服务

文権堂地理位置优越，可以俯瞰整个嘉定校区，加上图书馆 14 楼独特的书香文化，

其空间本身就是校区一道独特文化景观，是校区内服务全校各学院和部门的公共文化平台，对全校师生免费开放；空间建筑面积540平方米，包括一个可作为展览空间的展示长廊，一大一小两个可连可分的文化空间和一个户外空中花园，功能设计灵活多变，可以满足校区师生专题展览、讲座沙龙、文艺鉴赏、实践体验、会议研讨等多种形式的文化需求。

2. 结合学科特色，保障高层次高品质的文化服务

嘉定校区学科群经过二十年发展，已经由世界一流的现代交通运输与装备学科群升级转型成为清洁能源地面交通制造信息类学科群，以工科相关学院为主，文権堂坚持以“与时俱进，契合疫情时期工作需求；找准角度，契合学校文化宣传需求；贴近师生，契合师生文化活动需求”为核心策划系列文化活动，结合学科特色，举办科学与艺术相结合的文化展览；以丰富、优质的文化资源为工科学院提供文化服务，并坚持为师生提供高质量、高品位、有内涵、有特色的文化讲座和文化实践，开阔师生的文化视野，提升师生的文化技能。

3. 围绕“五育并举”，创新融新知重体验的文化服务

结合学校立德树人的中心工作，结合各类文化活动，为学生创造美育、德育和劳动实践平台；通过将学习与实践相结合，增强学生对中华优秀传统文化、革命文化和社会主义先进文化的深刻认识，推广学科文化及海派文化，传承同济精神，围绕立德树人根本任务开展一系列文化育人工作。在活动过程中发挥研究生助管、勤工助学学生的积极性，始终贯彻实践育人，将文化活动和文化育人相结合。

4. 传承同济文化，培育多渠道广宣传的文化服务

围绕同济文化和同济精神，文権堂同嘉定校区各学院工会、团委、学研工部等部门开展深入合作，活动策划及宣传紧密结合国家、地方、学校的文化工作重点，亮点突出，并充分发挥学校、地方文化机构、合作单位的优势，社会影响广泛。在宣传方面，

加强围绕某一文化活动的持续宣传、深入宣传、互动宣传，注重“多频道，多角度宣传；高立意，高质量宣传；有针对，大范围宣传”，以合作的形式扩大影响力。

（撰稿人：周黎萍）

5G 赋能的同济大学“三全育人”思政文化环境建设

信息化办公室

为纵深推进“三全育人”综合改革试点建设工作，同济大学作为工业和信息化部、教育部“5G+ 智慧教育”融合类应用试点单位，积极实践 5G 技术与“三全育人”思政工作的融合。信息化办公室作为同济大学信息化基础设施建设及业务管理的核心部门，以超高速、低时延、大连接、高可靠的 5G 技术为驱动，建立万物互联的、具备高度智慧能力的、“人—机—物”深度融合的信息化生态，形成贯穿学校核心数据和业务的“智慧中枢”和“强壮经络”，为思政教育、思政资源、思政活动及思政智慧的发展提供肥沃土壤。

一、问题针对

同济大学坚持以课堂育人为主渠道，持续推进“三全育人”课程思政工作。在知识传授与价值引领结合的过程中，课程针对性与有效性仍有待提升。主要原因有以下几点：

教师育德能力和育德意识有待提升，各门学科思想政治教育资源没有得到充分挖掘，课程专业知识与思政教育的融合存在难度；学生学习兴致有待激发，未充分认识思政教育的价值引领作用，难以将课程价值意蕴与自身成长发展需求相契合；学校未充分发挥信息化手段对思政文化环境建设的支持力量，不利于现有育人资源的积累、传播及共建共享。

二、主要做法

目前，同济大学已建成包括有线网、无线网、5G专网、物联网在内的四网融合校园网，配合云网融合的数字基座与线上线下融合的智慧教学环境，为思政类课程教学模式的创新、思政类媒资库平台的建设及思政类优质资源辐射带动作用的发挥提供技术保障，助力高校思想政治教育融入课程教学和改革的各环节、各方面，实现立德树人、润物无声。具体的实践方案如下。

1. 以先进的技术理念引领思政教育跨形态的融合与呈现

充分发挥信息化办公室在学校信息基础设施建设方面的业务优势与在5G等领域的技术特长，以其适度超前的技术理念、先进的技术特点、领先的技术方案为驱动，尝试开展新型思政类课程教学模式改革及多样化思政类教学活动。其中，无边界思政教育模式通过校内外互联、跨校区实时互动等方式开展线上线下融合的思政教育，并与校内外思政实景进课堂相结合，实现全场景覆盖，带来天涯同心、身临其境的全新思政教育体验。

跨校区、校外实景思政教育进课堂

2. 以开放的线上思政媒资平台带动思政类课程资源质量的提升

基于同济大学智慧教室、常态化录播系统、线上教学平台等建设成果，响应学校“三全育人”综合改革需求，线上思政教育平台应运而生。随着平台中思政类育人资源的不断丰富，资源共建与共享的行为也在潜移默化中由点及面、由表及里地不断深入，优质的课程思政资源得到持续性丰富。

线上思政教育课程

3. 以超高速的 5G 技术保障思政活动无边界的组织与参与

丰富校园思政文化活动的开展形式，突破地点限制，为“云党课”、校庆晚会、毕业典礼、开学典礼等跨校区、跨校内外的重大思政活动提供有力支撑，扩大名家名课的影响力，做好学生的思想引领和价值观塑造工作。

5G+ 校园重大思政文化活动

4. 以丰富的校友资源聚力思政智慧全方位的浸润与传播

依托同济大学“大手拉小手”“银龄计划”等工作的开展，建立面向社会的公共思政教育服务平台，将同济思政资源与智慧传播到校内外师生与校友、覆盖社区与企业、辐射国内与国际，讲好“同济故事”，讲好“中国故事”。

三、经验与思考

随着5G技术助力校园思政文化环境建设的能力与潜力不断被挖掘，无边界、跨形态的思政教育逐渐常态化，实景教学模式走进日常教学。在共建共享的思政媒资平台的助力下，配合校园媒体的宣传，越来越多人成为思政资源的创作者，“三全育人”的思政文化氛围越发浓厚，课堂育人效果越发显著。从技术推动的角度看，同济大学“三全育人”思政文化环境建设的经验与思考如下。

1. 把握教育数字化转型契机，探索思政文化活动新模式

应“大思政课”建设的整体要求，利用5G技术所带来的具有创新性的、有教无界的、身临其境的思政文化体验，全方位、全过程推动思政教育与日常教育教学的紧密融合。抛却生搬硬套的思政教学模式，立足全新维度，结合思政教育者与教育对象特点，创新思政教育模式，提升课程思政的铸魂育人实效。另外，让5G专网成为校园信息化基础设施的重要组成部分，支撑保障多端互联、稳定流畅、形式多样的跨校区大型思政活动。

2. 加强资源共建共享，提高思政教育内容质量

充分利用5G技术对万物互联的作用力及思政媒资平台的多人协同共建机制，打通专业、学科、学院甚至学校之间的现实壁垒，将学科资源、学术资源更好地转化为育人资源，实现“知识传授”和“价值引领”有机统一，推动“思政课程”向“课程思政”的立体化育人转型。

3. 凝聚校友力量，发扬同济文化精神

常态化推进“大手拉小手”的思政教育帮扶与“润物细无声”的思政智慧辐射，提升同济思政智慧的社会影响力。

（撰稿人：王宁）

乡村共创，青春同行

——同济大学乡村振兴研习社实践育人探索

建筑与城市规划学院 / 同济大学乡村振兴研习社

为响应我国乡村振兴战略，探索高校实践育人新模式，同济大学乡村振兴研习社作为全国首个高校智慧赋能地方乡村振兴的大学生学术性、思政性社团，提出“乡村共创”计划，积极联络地方、企业，以高校为基础，搭建地方政府—高等院校—相关企业及社会组织“共享、共建、共谋、共治”的合作平台，深入乡村，与政府、村民、企业共创共赢。实践团队由 11 个学院的 116 名同学组成，赴全国 12 个地区，实践时间跨越 61 天，总行程 13 000 公里，共绘乡村共创的基地蓝图。

一、问题针对

2017 年，党的十九大报告提出，坚持农业农村优先发展，实施乡村振兴战略；2018 年，中央一号文件更是详细阐释了实施乡村振兴战略的总要求：产业兴旺、生态宜居、乡风文明、治理有效、生活富裕；2022年，党的二十大提出，要全面推进乡村振兴，乡村振兴战略是高质量发展的“压舱石”。全面推进乡村振兴，推动城乡协调发展，成为解决社会发展不平衡不充分的关键举措。习近平总书记强调：“广大青年要坚定理想信念，志存高远，脚踏实地，勇做时代的弄潮儿。”在实现中国梦的生动实践中，在放飞青春梦想的殷切期盼中，在时代使命的召唤下，2018年5月，建筑与城市规划学院牵头成立同济大学乡村振兴研习社，以城市规划、建筑、风景园林、土木、环境、交通等众多优势学科为基础，立足国家乡村振兴战略，致力于推动全校范围内跨学科的乡村振兴相关理论学习、社会实践、创新创业和社会服务等工作。2021年，乡村振兴研习社总结过去实践经验，联合地方、企业等提出“乡村共创”计划，搭建高校实践育人新平台，鼓励大学生到乡村施展才干，在乡村实践中磨砺成长。

二、主要做法

1. 开展理论研习，夯实专业基础

研习社现有建筑学、城乡规划、风景园林、历史建筑保护工程、环境科学与工程、土木工程、马克思主义等不同学科学生200余名；同时设有导师团，由不同学科专业教师、相关研究机构的科研人员和高级工程师担任团队导师。为了更好地服务乡村，提升学生理论水平与专业素养，研习社定期组织理论研习营、读书会、案例分析会等理论研习活动，紧紧围绕我国乡村振兴战略，立足我国快速城镇化和推进城乡融合发展、建设

开展乡村振兴主题读书会、学术沙龙等

美丽乡村的宏观背景，重点培养学生了解、分析和研究我国乡村综合发展问题，理解我国特色乡村发展与城乡融合发展路径，帮助学生更深刻地认识我国乡村发展所面临的实际问题，引导学生对解决我国乡村地区发展不平衡、不充分等问题进行独立思考，提出规划设计策略。

2. 建设共创基地，打造育人平台

已建立同济·黄岩乡村振兴学院、德清同济示范村、金山区水库村示范村、惠南镇海沈村、云南省云龙县等十余个乡村振兴实践基地。将基地建设与教学相结合，建构起课堂知识理论与技术方法讲授、田野专业实践调查、规划设计技能训练的“三段式”教学过程。培养学生在实践中观察乡村现象、认知乡村问题、解决乡村矛盾，立足我国城乡发展现实，实现思政教育目标。例如，“同济·黄岩党建教育基地”的成立是为了更好地响应中央号召，深入开展“不忘初心、牢记使命”主题教育，践行乡村振兴战略，打造同济大学乡村振兴战略品牌，实现“组织振兴”和“人才振兴”目标，共建“高校—乡村”党建教育基地，探索将乡村调研与党建、团建相结合的路径，深入乡村工作第一线，以专业技能建言献策。

团队在浙江黄岩、德清，上海崇明、金山建设基地，助力同济实践育人

3. 拓展实践形式，助力学生成长

乡村振兴研习社构建了实践和课堂并驾齐驱的育人模式，通过“设计下乡”“政策下乡”“理论下乡”“服务下乡”等方式，围绕“乡村振兴”的主题，探索为地方发展贡献同济智慧的全新模式。设计下乡，即改善乡村人居环境，建设美丽宜居乡村，推动乡

村高质量发展，促进城乡融合。社员们在云南云龙、山西娄烦等地设计建造“梦想教室”；为贵州山区小学打造“梦想操场”“爱心浴室”；在江苏泗阳一处梨园中建造兼具景观和休憩功能的梨园小亭；在云南、湖南、福建等地为农产品改善包装设计，发挥同济在设计建造等方面的优势，助力乡村建设发展。

部分“设计下乡”成果展示

（1）政策下乡

针对广大基层村干部及村民，开展乡村振兴导师团、博士生讲师团宣讲活动，包括“三农”政策解读、乡村社会经济、乡村人文地理、乡村规划与设计等。

导师团、博士生讲师团等为村干部授课

（2）理论下乡

打造乡村振兴“青年讲堂”，录制乡村课堂主题讲座视频。“青年讲堂”课程视频已上线优酷、腾讯、网易云课堂等视频网站和学习平台，新冠疫情期间，课程在哔哩哔哩、快手、抖音等直播平台进行直播，收看人次超过 30 万。

邀请专家录制乡村课堂主题讲座视频

（3）服务下乡

依托乡村振兴实践基地，结合当地需求开展各类支教支建、古建测绘、遗产保护、直播带货等服务下乡活动。建设“自在乡”梦想课堂，以青少年为对象，策划了3个学科方向、12门乡土教育课程。通过多样、富有创意的乡土教育活动，为乡村赋能，唤醒当地青少年的文化自信与自我认同，带动乡村内生动力，为未来乡村发展培育建设者和接班人。

通过支教支建等服务下乡，发挥专业所长，助力乡村发展

4. 强化成果宣传，扩大育人实效

乡村振兴研习社的社会实践成果在社会各界引起了广泛关注，培育了一批立志为国家乡村振兴事业贡献专业力量的同济人。在研习社师生的共同努力下，乡村振兴的科研和实践成果获得了多项荣誉，在学术界也起到了先锋带头作用。团队曾参与清华大家乡村振兴实践论坛，并与清华大学建筑与城市规划学院、南京大学建筑学院、湖南大学建筑学院、重庆大学建筑学院等建立了学术合作，把乡村振兴理论和实践成果从院系向全校、全国推广。同时，研习社注重成果宣传，实践成果得到了《文汇报》《解放日报》《青年报》《新民晚报》等百余家媒体的广泛报道。就大学生成长成才而言，研习社学生代表用青春奋斗向祖国告白，获得了央视《新闻联播》《朝闻天下》等新闻节目的关注，深情讲述青年学子助力乡村振兴的故事，《中国青年报》高度评价研习社为“能征善战”的年轻团队并刊登于头版。研习社举办“与祖国同行，以科教济世——同济 · 黄岩乡村振兴规划建设回顾展（2013—2018）”和“风雨同舟、百村新貌——乡村振兴同济行学

积极与高校交流，博取众家所长

拓展宣传渠道、扩大乡村共创育人影响力

术成果展”，并通过“乡村振兴同济行”微信公众号宣传实践成果、普及乡村振兴相关知识，让更多学子了解并参与乡村振兴实践，扩大育人实效。

三、经验与思考

《教育部等部门关于进一步加强高校实践育人工作的若干意见》明确指出：“实践教学方法改革是推动实践教学改革和人才培养模式改革的关键。各高校要把加强实践教学方法改革作为专业建设的重要内容，重点推行基于问题、基于项目、基于案例的教学方法和学习方法，加强综合性实践项目设计和应用。”未来乡村振兴研习社的建设目标要从队伍结构、制度体系、学科整合、评价体系、品牌活动、成果转化等方面进行积极探索。

1. 在全国范围内建立乡村振兴学生联盟

作为全国率先成立的乡村振兴实践社团之一，同济大学乡村振兴研习社致力于成为学校的精品社团，并把先进经验向全国推广，更要在全国范围内起到示范带头作用，组建跨院校的理论学习和实践团队。通过跨校学术论坛、联合实践等深度合作，加强各高校学生之间的沟通联络，促进学科合作，资源共享。

2. 进一步拓展乡村振兴社会实践基地建设

乡村振兴研习社已与浙江、四川、湖南、云南、广西、福建、甘肃等地区部分乡村建立校地支建品牌项目。继续整合实践资源拓展实践教学基地，彰显实践育人的开放性。进一步深化与上海郊区、雄安新区、长三角、福建、山东、浙江、贵州等地的合作，建设实践基地；同时积极参与雄安新区白洋淀示范村建设规划、上海乡村振兴示范村规划、福建省示范村规划等一系列国家和省级党政部门的重要任务。

3. 构建实践育人与专业教育深度融合的保障机制

不管是第一课堂还是第二课堂，构建良好的运行机制是社团运行的重要前提和保障。要建立统一性和多样性相结合的项目化体系，研制实践育人实施标准及评估方案，依托高校“第二课堂成绩单”完善评价体系，确保育人质量，健全相关制度，明确责任主体。建立教务、学工、科研、团委等部门及学院的协同机制，建立校内校外实践资源整合机制。出台制度文件，将教师指导实践活动纳入教学工作量和业绩点奖励及职称晋升的教学要求。激励指导教师团队利用好专业社团这一有效途径，把课堂教学、实践教学和专业社团活动有机结合起来。

4. 建设乡村振兴理念传播媒介和传播平台

继续建设乡村振兴系列课程并打造同济特色品牌活动。通过青春告白社会实践报告会、博士讲师团、青年讲堂、“自在乡”乡土课程、“共话乡村振兴微团课”等活动传播同济经验。继续建设适合当代大学生需求的乡村振兴理念传播媒介和传播平台。通过哔哩哔哩、抖音、快手、视频号、微课程等平台引导更多的大学生关注乡村建设与发展，投身乡村振兴事业。设计乡村日历，凝聚优秀团队成果；开设视频号，使平台宣传效果最大化。截至 2023 年 8 月，“乡村振兴同济行”微信公众号关注人数逾 2 700 人。

5. 多平台联动促进研究成果的落地和转化

在 2021—2023 年的工作基础上，促进设计激活乡村系列支建支教活动的落地，提升新时代育人的有效性，有助于更好地实现应用型高校立德树人根本目标。在举办活动的同时，研习社也致力于把乡村研习成果传播得更远，与全国 16 个省份合作，建立了 56 个实践基地，构建校地合作基地网络，为乡村基地输送了源源不断的实践与理论力量。孵化和培养“掌上治村”、“设计助农”、“自在乡”乡土教育、“百小乡”等社会实践项目向创新创业项目转化，与地方政府、企业和社会各界精准对接。研习社还构建校际合作交流网络，积极与各高校联系，2021 年参与南京大学乡村振兴论坛、地方发展研究十校论坛等 6 场论坛报告，交流乡村实践与理论成果；参与建立全国乡村振兴社团联盟（联合各高校策划全国范围的“乡村振兴社团联盟”），提供社团运营及学生乡村振兴工作经验的交流平台。

（撰稿人：赵承志、方勤、陈晨、邬文婕、申唯真）

深耕乡土教育，留住美丽乡愁

——青年助力乡村文化振兴的实践模式探索

数学科学学院

同济大学秉承“与祖国同行，以科教济世”的办学传统，发挥乡村振兴人才培养优质校的优势，响应国家脱贫攻坚、乡村振兴战略，自2013年起开展“美丽乡愁”乡村文化振兴大学生社会实践项目，聚焦乡村文化振兴与乡村人才培养目标，以乡土文化教育为切入点，凝聚建乡共识，树立文化自信，唤醒自我认同，构建乡村青少年、乡村教师、村民、社会力量等多元主体参与的“乡土文化教育生态圈”，为乡村培养了一批“知乡、爱乡、建乡、守乡”的建设者和接班人，形成了“乡土文化教育柔性介入乡村振兴”的特色实践模式。

一、问题针对

乡村是大学生社会实践的广阔舞台，不仅能让学生在乡村实践中长才干、强信念，还能将专业知识与社会发展相链接，切实解决乡村问题，助力乡村振兴。然而，目前高校乡村实践仍存在一些问题：青年进入乡村面临选题难、无支持的情况；乡村实践专业性强，仅有部分学科易于参与；优秀的乡村实践项目难以持续运营，出现“一次性”参与的情况；学生在乡村中仅有单一实践场景，无法持续在乡村开展行动等。

二、主要做法

“美丽乡愁”实践行动最初由在校学生自主发起，经过10年深耕，形成递进式、体系化的特色实践模式，以高校学生实践团队为主体，厚植青年家国情怀，引导、支持青年去乡村、返家乡，利用专业所长服务国家战略，形成了“3+4+1”的特色实践育人模式，即“三大品牌活动构筑实践平台，四大机制建设保障实践行动，最终实现‘金字塔进阶式’实践育人成效”。

1. 遵循规律，三大品牌活动构筑实践平台

聚焦文化振兴乡村的实施逻辑，针对“乡土文化挖掘梳理—乡土文化教育赋能—乡土文化传播营造”三步走路径，搭建实践平台，形成品牌项目，为不同类型、不同阶段、不同专业的青年学生搭建实践平台。乡土文化挖掘梳理——“涟漪行动·家园一方志”计划广泛动员返乡青年参与乡土文化梳理挖掘，号召青年成为家园文化代言人，利用假期返乡时间，调研家乡文化，编写《家园一方志》，以多元媒介和在地行动传播家乡文化；乡土文化教育赋能——乡土文化创变营逐步培育青年参与乡村文化振兴的综合能力，以项目式学习方法（Problem-Based Learning，PBL）为导向，支持青年带领青少年重识脚下土地，同时以青少年为主体，链接村民及社会力量，举办文化营造活动，激发古村内生动力；乡土文化传播营造——“文化点亮乡村”计划发挥大学生专业特长，聚焦乡村文化传承的真实问题，以青年力量带动更多村民，以青年专业能力赋能村民内生动力，打造具有村民主体性的文化品牌，促进乡村的文化振兴与可持续发展。

美丽乡愁团队前往云南省云龙县诺邓古村开展社会实践

2. 聚焦痛点，四大机制建设保障实践行动

针对大学生参与乡村振兴实践存在的痛点、难点，建立"工具支持机制、赋能培育机制、协同育人机制、校地合作机制"，全方位保障实践项目顺利开展。工具支持机制：青年学生在参与乡村振兴实践时往往存在"门槛较高"的痛点，项目整合过往实践经验，形成多种类型的社会实践工具包，包括行动指南、设计模板、知识卡片、实体工具等多种类型，全方位降低青年实践门槛，使青年学生能够较快上手、较易入门。赋能培育机制：为解决学生参与实践存在专业性不足的问题，项目构建了"乡村认知力—文化调研力—创新传播力—团队合作力—持续行动力"青年五力成长模型，梳理青年在实践过程中需要具备、提升的能力，设置匹配的赋能课程。协同育人机制：充分整合各类资源，形成专家导师指导、朋辈导师陪伴的协同支持体系，同时联合公益组织、社会企业、在地合作伙伴、媒体传播伙伴等资源，为青年行动提供多维支持。校地合作机制：将乡村真实问题作为青年实践场景，以校地合作为抓手，建立美丽乡愁工作站，推动青年实践成果落地，确保实践成果转化为乡村振兴方案，增强大学生社会实践落地性。

3. 持续深耕，搭建“金字塔进阶式”实践育人模式

经过多年实践，项目品牌初具规模，聚焦“乡土文化挖掘梳理—乡土文化教育赋能—乡土文化营造传播”三步走，已形成系列品牌项目，同时构建了专家智囊团、系列赋能课程，搭建了不同深度、不同层次的育人场景，从兴趣激发、涟漪扩散到实践服务、技能增强再到专业转化、项目孵化，构建广泛动员、逐步培养、专业进阶的实践育人培养体系，实现“金字塔进阶式”实践育人模式。“涟漪行动 • 家园一方志”号召广大青年利用寒暑期社会实践平台返乡为家乡做一件小事，至 2022 年，该活动已成功开展 5 期，共支持了来自全国 32 个省级行政区的 540 个县市的 1 713 名大学生返乡编写了 645 种地方刊物《家园一方志》；“乡土文化创变营”为青年提供“到乡村”的实践平台，截至 2022 年，“乡土文化创变营”已连续 9 年开展，辐射云南省大理白族自治州云龙县诺邓村、宝丰乡、祥云县大营村，河北省邯郸市涉县王金庄村，浙江省杭州市萧山区义桥镇等近 10 个村落。其中，在诺邓古村开展 6 次乡土文化主题夏令营，举办“一诺千集”文化创意市集、乡土文化展览等在地行动，形成 10 余万字资料，编写并出版《诺邓乡土文化读本》；以青少年参与的方式编写 2 种《诺邓一方志》地方刊物；

“涟漪行动”志愿者返乡开展社会实践

“文化点亮乡村”乡村文化振兴营造以真实乡村问题供学生进行专业化探索，引导学生利用专业所长将文化资源转化为振兴源泉，如在云南省大理白族自治州祥云县大营村开展共创项目，邀请设创、传媒等专业学生针对非物质文化遗产进行“设计下乡”，为乡村打造文创IP、建立数字博物馆等。

三、经验与思考

1. 聚焦学生发展需求，形成立体多维的赋能体系

围绕青年五力成长模型，通过大师讲坛、社群活动、朋辈分享、在线课程等不同形式，形成包括“田野调查方法”“桌面调研”“乡土教育价值”等不同主题在内的近20门赋能课程，形成全面、灵活、实用的赋能课程体系。

2. 依托实践场景，构建多元协同的育人体系

整合专家学者资源，建设包含城市规划、建筑、社会学等多种学科的25人专家指导团；根据往期志愿者招募朋辈导师近百人；联合社会组织、社区、政府等外部资源，创设育人场景；组建校内公益社团，开设“大学生社会实践入门”“社会创新创业”等课程，激活多方育人场景。

3. 构建融媒体传播矩阵，传播实践行动

形成以微信公众号、视频号、哔哩哔哩为主的融媒体传播矩阵，创作优秀实践作品。截至2022年5月，已发布微信公众号推送600余篇，阅读量超过30万次；拍摄纪录片《我的美丽乡愁》荣获第四届国际微电影艺术节乡村单元最佳纪录片奖；同时，建设元宇宙、播客等创新传播平台，整合多方资源，最优化展示青年行动成果。

4. 提炼社会实践工具包，支持实践推广

以多年的文化下乡行动为样板，项目形成了可复制推广的社会实践工具包，面向文

化梳理，形成“田野拾萃·文化梳理工具包”，为400余支大学生志愿团队、2 000余名大学生开展返乡文化调查提供支持；面向乡土教育，形成“水源计划·乡土教育课程盒子”，为云南省云龙县、湖南省西部贫困山区、西北地区的200余名扶贫志愿者及近200名乡村教师提供了乡土文化教育工具。

（撰稿人：彭婧）

校企合作，构建育人共同体

航空航天与力学学院

为贯彻落实立德树人工作理念，紧跟国家战略需求，充分发挥行业重点企业作用，培育德智体美劳全面发展的社会栋梁与专业精英，航空航天与力学学院结合学院特色、学科需求，深入开展校企合作，构建校企育人共同体，将“三全育人”综合改革向纵深推进。

一、问题针对

航空航天领域明确、应用性强、特色鲜明，高端专门人才需要大力培养；上海集聚中国商飞、中国航发商发、航天八院等众多国内重要的航天和民用航空企业、科研院所，具有校企联合育人的良好基础；航空航天相关企业也迫切需要在人才培养、基础研究、科研攻关等方面和高校开展合作。但高校和企业协同育人仍存在不足，如体制机制仍不够完善，合力尚未形成。

二、主要做法

针对以上问题，航空航天与力学学院通过党建联建、支部共建，构建校企育人共同体，整体推进学院党建、思政、教学、科研工作，提升人才培养质量和学科建设水平，真正实现全员育人、全程育人、全方位育人。具体做法如下。

1. 以党建联建、支部共建拓展实践育人

充分发挥党组织作用，开展党建联建、支部共建，是依托校企合作落实“三全育人”重要而有力的抓手，为联合实践育人提供坚强的组织保障。

（1）与重点企业协同开展政治理论学习

校企党支部协同组织参观爱国主义基地、观看卫星实时发射全过程等主题党日活动，并就科学研究与人才培养工作等方面的潜在合作展开深入交流，达成共识。

校企党支部在中共二大会址纪念馆开展联合主题党日活动

校企党支部共同观看长征四号丙运载火箭发射遥感三十四号卫星主题党日活动

（2）与重点企业协同厚植航空爱国情怀

校企党支部共同主办“中国梦，航空航天梦”主题展；企业专家在学校作“航空强国、航天报国”系列报告；多次组织航空航天与力学学院、新生院等单位的师生参观中国商飞等单位，让师生在“蓝天梦工厂”的实践参观中感受祖国空天科技的蓬勃发展，厚植爱国情怀，勇担“发展航天事业、建设航天强国”的时代使命。

校企党支部共同举办“中国梦，航空航天梦”主题展

“蓝天梦工厂”实践参观活动

2. 以资源共享、课程共建拓展课程育人

充分融合校企资源，围绕人才培养方式改革，以“大飞机班”、学术论坛、学生科技节等为载体，实现课程育人的有效拓展。

（1）与重点企业共同建设“大飞机班”

2018 年，与中国商飞启动共建国内首个本研贯通“高端民机设计人才班（大飞机班）”，不断深化建设内涵，聘请企业专家担任学生校外导师、辅导员，企业专家来校系统授课，接受学生实习实践等。

（2）与重点企业共同组织论坛报告

与中国航发商发共同组织全国首届“商用航空发动机适航技术论坛”，与上海建科院共同组织“面向未来的力学土木工程师的机遇与挑战”力学人才培养论坛，与中航工业 611 所等企业共同组织“博士生论坛”等。报告主题特色鲜明，参会人员范围广泛。

（3）与重点企业共同举办科技节

在与广州飞机维修公司共同举办的航空航天科技节上，面向全校组织“应用力学创新竞赛”“航空航天知识大赛”“未来飞行器设计大赛”“‘启航杯’3D 建模大赛”等，邀请企业专家出题并对学科竞赛进行指导和评审等。

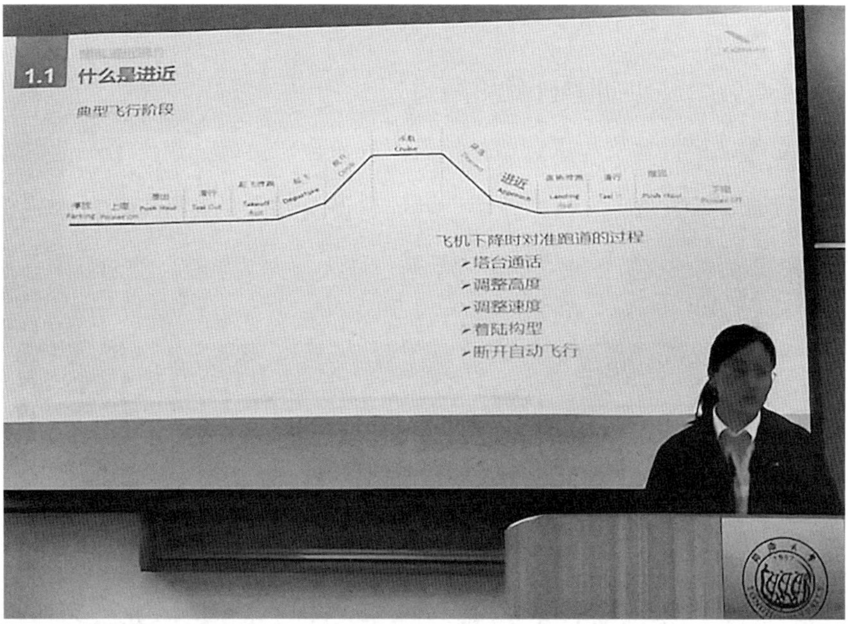

上海飞机设计研究院专家为“大飞机班”学生系统授课

与广州飞机维修公司联合组织科技节

3. 以项目共商、平台共建推动科研育人

充分利用校企合作的科研项目、课题与平台资源，协同推进高峰学科建设，特别是对标关键技术攻关难题，培养学生专业能力，协同开展科研攻关，让科研育人有实体、有抓手、有成效。

（1）与重点企业协同共建科研育人平台

2020 年 9 月以来，学院与重点单位签署了 6 份合作协议，建设了一批重要教学科研育人平台。如与上海市无人机产业协会共同建设上海市无人机工程技术研究院；在江苏省苏州市吴江区的支持下成立同济大学航空航天与力学学院吴江创新中心；与中国

与中国商用飞机有限责任公司签订战略合作框架协议

商用航空发动机人工智能及大数据应用技术联合创新中心成立

航发商发共同建设商用航空发动机人工智能及大数据应用技术联合创新中心；与上海邑城、天氏欧森等单位共同建设联合实验室等，为学生提供更好的实验教学环境。

（2）与重点企业协同推进高峰学科建设

面向国家重大需求，瞄准关键领域“卡脖子”问题，服务上海科创中心建设，与重点企业共同总结技术难题、凝练科学问题、实现优势互补，共同推进高峰学科建设。

与重点企业共同推进高峰学科建设

（3）与重点企业协同开展关键技术攻关

与中国航发商发合作启动联合创新中心（UIC）二期建设，40 余名研究生参与科研攻关；与中国商飞合作，瞄准大型客机复合材料关键“卡脖子”问题，申请获批国家重点研发计划，20 余名研究生参与科研攻关；与中国商飞等单位共同开展上海市飞行器力学与控制高峰学科建设，60余名研究生参与科研攻关。

三、经验与思考

随着校企合作的深入开展，形成了一系列校企协同育人成果。一是优化体制机制，完善育人体系。学院构建了包括“实践育人，课程育人，科研育人”等内容在内的校企育人体系。二是全员积极参与，形成育人品牌。学院全体教师、学生主体、校外专家等积极参与，充分发挥全员育人功能。“‘大飞机班’校企联合人才培养模式”“航空航天科技节”“同济—复旦联合博士生论坛”等成为学校品牌项目。三是利用校外资源，形成育人特色。与行业重点企业签署合作协议，以支部共建、党建联建为牵引，建立校外“三全育人”实践基地，开展协同育人、协同科研，将企业需求融入人才培养方案，让企业专家进入教学第一课堂，使报国奉献成为学生价值追求。四是推动全面成长，彰显育人成效。学院教风学风持续优化，一二课堂有效联动，育人质量显著提升。

习近平总书记反复强调，高等教育要心怀“国之大者”，要面向世界科技前沿、面向经济主战场、面向国家重大需求、面向人民生命健康。在高校育人过程中，需要实践需求方深度参与其中，有以下两条可推广经验。

1. 以支部共建、党建联建作为重要抓手

将教工、学生党支部与行业重点企业业务核心目标党支部之间的支部共建、党建联建作为重要抓手。一方面，双方形成定期交流的机制，为全方面合作提供强有力的组织保障；另一方面，可深化合作内涵，从党的建设拓展到教学、科研、平台建设、学科建设等多方面的业务合作。

2. 从“三全育人”角度系统规划校企合作

将育人过程的实际需求和行业重点企业的优势相结合，从“教学体系建设”“科研平台建设”“人才队伍建设”三个方面进行设计，开展“思想政治教育”“专业能力培

养”，以及“协同育人”“协同科研”，达到课程育人、科研育人、实践育人、文化育人、组织育人的效果，从而整体推进学院党建、思政、教学、科研工作，提升人才培养质量和学科建设水平。

（撰稿人：王晶晶、石成、卢慧楠、杨宁汉）

德才双修，以“思政+”思维培育新时代“红专并进”的材料人

材料科学与工程学院

立足立德树人根本任务，纵深推进“三全育人”综合改革试点建设工作，同济大学材料科学与工程学院探索“思政+”工作模式，积极构建党建育人机制、打造国防育人品牌、夯实协同育人根基、建立校企双主体育人模式、构筑新时代科创育人体系，契合新时代学生特色，将多方资源转化为培根铸魂的内在动力，全面提升“三全育人”质效，培育德才双修、“红专并进”的材料人。

一、问题针对

党的二十大报告指出：“教育、科技、人才是全面建设社会主义现代化国家的基础性、战略性支撑。”作为人才培养的主阵地，高校在“三全育人”改革实践中存在教育宽广度较窄、协同育人不够、育人手段内容形式化等问题。高校应在构建全员参与的教

育主体、拓展全方位协同的教育内容、打造全过程衔接的教育链条上下功夫，着力构建协同育人的思政工作体系，提升人才培养质量。以往，“生化环材”因其较低的就业“性价比”在高考填报志愿和大类招生分流时频频遇冷。事实上，载人航天、量子信息、人工智能、新能源技术等战略性新兴产业，均以材料学科发展为基础。随着国家战略进一步倾斜，加快提升新材料自主创新能力和产业核心竞争力迫在眉睫，相关专业人才却较为紧缺。因此，如何以“新材料强国”为引领，围绕“四个面向”凝练具有同济特色的材料学科发展方向，成为亟须破解的问题。

二、主要做法

聚焦“三全育人”综合改革试点工作，坚持落实立德树人根本任务，凝心聚力培养新时代好青年，同济大学材料科学与工程学院积极探索“思政 +”工作模式，以“思政 + 党建育人”“思政 + 国防育人”“思政 + 协同育人”“思政 + 校企双主体育人”“思政 + 新时代科创育人”等工作机制，筑牢理想信念，根植爱国情怀，师生协同发展，产学研一体化，专业赋能科创，实现拓宽“三全育人”工作广度、抓手和途径，全力弘扬同济新时代文化，着力打通三全育人“最后一公里”，不断提升人才培养的针对性和实效性，切实肩负起培养社会主义建设者和接班人的神圣使命。

1. 德才双修，健全党建育人机制

为助力全面提升育人质量，学院构建了以党建为引领的思想政治教育体系，贯彻思想引领工作，助力材料学子筑牢理想信仰基石。创新党建工作模式，学院各党支部带头开展内涵丰富、形式新颖的学习、实践和志愿服务，如演绎党史情景剧比赛、“四史”学习主题定向越野等活动，新冠疫情期间组织线上运动直播教学、义务理发等活动，激发支部活力，在实践服务中深化思想认识、提升党建工作水平；多措并举推进党支部规范化建设，贯彻落实“三会一课”制度，积极构建党员发展全周期五环节的培养考察制度，提升党建育人实效；宣传强音正能量，定期通过学院官方微信公众号宣传育人成效。

喜迎党的二十大

党性
原则
党员
权利
党员
义务
加快构建新发展格局
着力推动高质量发展
以中国式现代化
促进世界和平与发展
发展全过程人民民主
保障人民当家作主

德才双修，党建引领

2. 爱国荣校，打造国防育人品牌

为开展深入、持久、生动的爱国主义教育，学院充分挖掘、联动院内外优秀退伍大学生资源，打造“国防育人”特色品牌，激发材料学子的爱国主义情怀。学院累计邀请 13 名优秀退伍大学生及部队军官等，讲述同济人在边境执行任务的艰辛与自豪、维护国家主权与领土安全的决心、在卫星发射中心保障成功发射等先进事迹，诠释同济人的责任与担当。后期制成 5 集系列微党课视频，并在“青春同济”微信公众号推送，激励广大青年脚踏实地、努力科研，用专业知识建设祖国，回报社会，服务人民。

聆听抗疫先锋事迹 致敬逆行军人英雄

携笔从戎去 维和载誉归

强化使命担当 争做时代先锋

坚决维护国家领土主权完整

永远做党和人民的忠诚卫士

家国天下，国防育人

3. 凝心聚力，夯实协同育人根基

为贴近学生需求，提升“三全育人”质效，学院充分凝聚育人力量，构筑“五位一

体”的思政队伍，搭建创新协同的育人平台。教师党员率先垂范，落实承包制工作，从思想维度和习惯养成方面开展“一对一”精确帮扶；党团支部联动开设生涯系列讲座、“材创讲堂”等，开拓新智育渠道；朋辈示范引领，学院“学术先锋”“国奖达人”等通过参加分享沙龙、期末学习小组领学等方式，营造健康活跃的学术氛围。

4. 产教融合，建立校企双主体育人模式

为提升人才培养对新时代产业快速变化的适应性，学院依托产学研融合平台，深入开展校企合作，推进多元主体协同育人，完善校企互动协同的育人模式建设。深化校企合作，与上汽大众、上海建工等开展联合党建和思政教育，增强立德树人的实效性；共同开发专业与课程标准，打造高水平教学团队，提升施教能力的协同性；开展企业课堂，推动实践育人；将思想教育、价值引领、企业文化、职业素养培育等融入育人全过程，实现全方位育人。

校企共建，协同育人

5. 专业赋能，构筑新时代科创育人体系

围绕“培养什么样的人”的问题，学院立足专业学科特色，面向国家重大需求，致力于培养具备创新精神和实践能力的复合型人才。学院积极引导学生专注专业科研，面向 2035 新材料强国战略，依托新能源材料学科优势服务新能源汽车国家战略在新能源汽车用锂电池关键材料、燃料电池核心催化剂等领域，2021—2023 年在国内外高水平期刊上共发表论文 50 余篇，为国家构筑清洁低碳安全高效的能源体系贡献力量。2018 级新能源材料与器件班是学院新专业首届班级，学院基于“学科交叉型特设专业”特色

与"培养复合型技术人才和领军人才"目标，积极探索"五育并举"培养模式，引领学生成为立大志、勇创新、担重任的社会栋梁和专业精英。首届毕业生培养成效显著，获得各类奖学金 90 余人次、学科竞赛获奖 60 余人次，深造率高达 82.14%。班级曾获同济大学"优良学风标兵班""五四红旗团支部标兵""'五育'示范班级"等荣誉称号。

榜样示范，学科育人

三、经验与思考

1. 校院企社协同联动，实现全员育人

学院探索建立协同育人机制，创新育人方式，借助学校、学院、企业、社会育人主体的力量调动专业课教师、辅导员等育人主体的积极性，将教书与育人、言传与身教相结合，在潜移默化中给予学生智慧启迪和精神力量；推动社会资源支持和参与思政教育，以校企合作、社会实践、社会调研等形式搭建育人平台，促进高质量产学研融合发展，共同担负起学生成长成才的责任，做到全员育人。

2. 本硕博贯通式培养，实现全过程育人

学院坚持从人才成长规律出发进行思想政治教育，针对不同阶段学生特点和需求，采取与之相适应的教学方式，突出教学重点，开展针对性思政教育，发挥学生主观能动

性，积极引导本科生就业突出深造导向，鼓励学生到世界一流大学深造；硕士研究生就业突出职业导向，鼓励学生扎根基层、投身国家重点领域，成为卓越工程师、全球治理人才；博士研究生就业突出学术导向，鼓励学生志存高远，努力成长为未来自然科学家、技术科学家和社会科学家，做到全过程育人。

3. “思政 +”工作模式，实现全方位育人

学院结合材料学科特色，深挖育人资源，突出创新优势，围绕“三全育人”工作，在党建引领、爱国拥军、校企联动、人才队伍、实践育人、科技创新等方面下功夫，全面推进学院思政教育体系建设，有效提升学院示范典型数量与师生社会实践参与度，努力做到全方位育人。

思想政治工作是学校各项工作的生命线，以“思政 +”思维构建“三全育人”工作新格局，争取思想政治工作效果最大化。学院探索建立“思政 +”育人工作模式，是将思政工作作为立德树人的核心特征提取出来，同时将思想政治工作与学院的多元主体、多方资源、多种要素融合升级，构筑“五位一体”的思政队伍，创新党建引领、国防育人体制机制，并搭建党团联动、产教融合、专创相融的协同育人平台，使思政工作与育人体系深度融合，创造全新的育人生态。

（撰稿人：杨晓杰、梁春江、周龙、石俊强、王挺、陈钰婷）

第三章
“五育并举”让每位学生出彩

同济大学围绕立德树人根本任务，以培养德智体美劳全面发展的社会主义建设者和接班人为目标，构建高质量人才培养体系。德育为先，加强党员教育，以“明理、增信、崇德、力行”为标准，促进党的创新理论入脑入心，筑牢学生理想信念；智育为重，坚持“学术与育人”第一价值追求，完善学业指导工作体系，营造优良学风，搭建创新平台，提升科研实践能力，促进高质量人才培养；体育为基，打造同济特色的体育赛事，创建生命教育特色课程，推动学生身心和谐发展；美育为要，不断深耕涵养新时代同济文化，打造打响具有同济特色、彰显同济气派的精神弘扬标识和人格涵养名片；劳育为本，充分挖掘校内外育人资源，从科技劳动、产业劳动、日常劳动等不同维度培养大学生劳动精神，促进毕业生高质量就业创业。学校从内涵意义、培养目标、指标体系、实施路径等角度出发，解读新时代德智体美劳“五育”的科学内涵，编撰出版《塑体铸魂——时代新人成长之路》一书，深入解读德行养成之道、知识学习之法、能力锻造之路、身心强健之诀、美育涵养之旅、劳动教育之方，并结合新生院人才培养模式改革，全面实践，为学校开展“五育”工作提供了行动指南，为新时代大学生的全面发展提供了舞台。

依托“三大工程”推进全周期学生党员教育

党委学生工作部、研究生工作部

同济大学党委书记、校长为新生讲“开学第一课”，每年暑假期间开展“红色大课堂”必修课，自编自导舞台剧《同舟共济》、校园版歌剧《江姐》，打造学生党建线上慕课平台，举行毕业生党员文明离校系列主题教育……校党委把党建引领融入教育教学的各个环节，线上线下相结合，以“三大工程”探索开展学生党员在校期间全培养周期的教育培训，以培养高素质学生党员队伍为目标，以入党积极分子教育为基础，以学生党员骨干能力培养为关键，以发挥党员先锋示范作用为重点，帮助学生党员“扣好人生的第一粒扣子”。

一、问题针对

高校学生党建工作事关党对高校的领导，决定办学育人方向，是高校开展思想政治教育的主要抓手之一，也是加强思想政治工作的有效途径。新时代要求始终把学生党建工作放在党和国家事业发展后继有人的战略高度全盘考虑，坚定正确的政治方向。与此同时，我们也要看到当前高校学生党员教育工作仍面临一定的困难与挑战，“90后”“00后”青年大学生党员队伍的思想观念、价值取向、就业方式、生活方式等都发生了深刻变化，必须贯彻落实党中央有关指示精神，聚焦青年学生入党积极性有待提升、党员发展环节缺乏统筹规划、党员骨干示范引领不强等问题，完善工作路径，有效提升高校学生党员教育工作的系统化、科学化水平，不断提升学生党建质量，激励学生党员争做奉献榜样，引导毕业生党员扎根祖国基层，为祖国发展事业作出贡献。

二、主要做法

1. 实施“信仰启航”工程，确保组织发展质量

加强入党积极分子教育，严把党员入口关，是提升学生党员队伍素质首要的、具有奠基性意义的环节。一是重视党建教育队伍打造。充分发挥校领导、学院党政负责人、辅导员、优秀学生党员、优秀校友党员5支队伍在入党积极分子教育方面的示范引领作用。新生教育周，校党委书记、校长等校领导及学院党委书记、院长走上新生入学第一课的讲台，用党史、校史、校训等内容精心讲授“第一次党课”。辅导员、优秀学生党员、校友党员通过“信仰的力量”主题宣讲、校友大讲坛、红色故事会、红色书籍朗诵比赛、入党启蒙教育主题班会等形式，强化入党积极分子对党的理解和认识。二是挖掘自身红色育人资源。学校充分挖掘同济大学百余年历史中的红色教育资源，将红色教育资源转化为育人资源，增强育人效果。校园版歌剧《江姐》、校史改编的原创话剧《铸诗成剑》，展现了同济大学百余年办学历程和革命先烈的英雄事迹，加强了对入党积极分子的爱党爱国教育。三是拓展入党启蒙教育空间，促使学生浸润在了解党、认识党的大环境中。在学生社区全覆盖建设“党建活动室”，将党建元素和主题党日活动引入学生社区。四是充分发挥制度建设的作用。用制度建设保障“信仰启航工程”深入推进，明晰学生党建责任主体，明确学生党建专职辅导员职责。实施学院党委副书记例会制度，年终履行党建责任述职，出台文件规定本科生党支部由辅导员老师担任党支部书记。要求学院将学生党建工作摆在学院工作的突出位置，每学期至少开展一次学生党建

工作专题研究，确保学生党建工作有规划、有部署、有检查、有落实。“信仰启航”工程成效显著，2021级满18周岁本科新生团员递交入党申请书比例为72.15%，较上年同期增长7.49%。

博士驿家博士生社区 / 党群服务中心

2. 开展“卓越领航”工程，提升党员骨干素质

“火车跑得快，全靠车头带”，培养高质量学生党员队伍，离不开发挥学生党支部的主体作用，强化对学生党支部书记能力素质的提升是关键，打造“卓越”系列轮训活动，举办“卓越·起航”学生党支部书记培训、“卓越·领航”学生党支部书记论坛和暑期“卓越·远航”学生党员骨干训练营。具体举措包括：一是成立校级学生党支部书记联席会。旨在凝聚活跃、有创新能力的党员骨干力量，聚焦学生党建现状问题，交流学生党建优秀经验。建立学生党支部书记联席会议制度，定期开展调研、讨论和交流，每月下发学生党建工作案例简报，立好标准、树好标杆，促进学生党支部工作见贤思齐。二是打造三大品牌活动。即学生党支部书记培训、学生党支部书记论坛、学生党支部书记“红色大课堂”实践活动，有计划、有步骤、有重点地加强对学生党支部书记理论学习和社会实践、能力拓展等方面的培训，为学生党员骨干营造现场学、线上学、专

题学、讲着学、比着学的良好氛围。三是加强制度保障。建立学生党支部专项经费制度，鼓励各基层学院开展学生党支部建设项目、主题微党课项目、微党课“重点项目”，有效保障学生党支部书记开展系列高质量支部活动。

“红色大课堂”党员实践教育出征仪式

学生党支部书记读书会活动

3. 推进党员先锋示范工程，加强党员日常教育

学生党员是学生的中坚，是党组织连接广大青年学生的桥梁和纽带，学生党员自身模范引领作用的发挥意义重大。一是推动学生党员争做服务先锋。推动学生党员寝室挂牌全覆盖，学生党员在社区主动亮相，带头发挥先锋示范作用，为新生提供学业帮扶等党员服务。构建学生党支部进驻社区办实事常态化机制，2022 年上半年新冠疫情期间，学生党员向学生社区报到，就地转为工作人员，356 个支部累计办实事 80 余场，服务学生超 20 000 人次。二是鼓励学生党员争做理论学习表率。由学生党员自己当主角，通过入党启蒙教育微党课、主题微党课、党员 TALK，充分发挥党员的先锋模范作用，打造学生党建慕课平台，让学生党建慕课成为网络党建平台上有颜值、有温度、滴灌式、入脑走心的党建学习资源。三是鞭策学生党员争做实践模范。举办系列主题教育，带领学生党员深入基层开展政策宣讲、基层调研、企业帮扶、医疗义诊、文化下乡等实践服务活动，在社会实践中了解国情社情民情，增强服务群众意识。四是激励学生党员争做奉献榜样。举行毕业生党员党性教育专题学习会，让毕业生党员在文明离校的过程中，彰显党员精神品质，树立党员责任意识，引导毕业生党员扎根祖国基层，为祖国发展事业

作出贡献。根据学生党员学习实践情况，评比表彰一批先锋示范优秀党员、优秀党支部、优秀学生党支部书记，以身边先进典型带动激励学生党员发挥先锋模范作用。

学生党支部进社区开展办实事工作

三、经验与思考

依托“三大工程”开展学生党员全周期教育，推进“信仰启航”工程，把优秀的青年学生凝聚在党旗下；加强“先锋示范”工程，让杰出的学生党员贡献信仰力量；开展“卓越领航”党支部书记培训工程，全面提升学生党员骨干素质能力，校党委积极创新探索学生党员教育方式方法，取得一定教育效果，为开展学生党员教育工作提供了借鉴。

1. 提高政治站位，着力提升学生党员教育的“高度”

“培养什么人、怎样培养人、为谁培养人”是高等教育事业发展的根本问题。在学生党员教育中，学校要把握立德树人关键环节，形成“入学前—学习中—毕业后”的全链条党员教育育人环节，针对新时代青年成长的新特点和新规律，将党员教育目标具象化，从思想教育、文化教育、入党程序、行为标准等层面，科学设计学生党员各阶段教育内容。

2. 强化思想引领，着力提升学生党员教育的“深度”

着力解决学生党员教育中“深入”和“深刻”两个方面的问题，既要“贴近”学生，又要“接地气”，要让学生党员在思想认识上“深”有触及，在行动效果上“刻”有印记，充分发挥学生党员的智慧和力量。如在学生党建慕课平台建设过程中，学校引导大学生在制作、学习微党课的同时，深入思考理想信念的内涵；在设计、讲授微党课的实践中，加强理论联系实际，实现知行合一；在完善、推广微党课的服务过程中，发挥朋辈教育的力量，有效引导学生坚定理想信念。

3. 丰富内涵建设，着力提升学生党员教育的“广度”

丰富学生党员教育资源，挖掘鲜活素材，把党的基本理论与挖掘校史红色文化相结合，与形势与政策教育相结合，与学生身边的典型事例相结合，与优秀党员榜样教育相结合，构建适应“微时代”的有活力、有魅力的话语体系，用故事来打动人、说服人、启示人、引导人，主动回应学生的思想疑惑和现实关切。

学生党支部书记联合会工作合影

（撰稿人：李杨帆）

助力党的创新理论“飞入寻常百姓家”

——同济大学“理论 +”学生宣讲团思政工作实践案例

马克思主义学院

“理论 +”宣讲团是由同济大学马克思主义学院学生党员牵头组建的一支宣讲服务队伍，致力于焕发思想活力、传递理论魅力，坚持把学懂、弄通、做实习近平新时代中国特色社会主义思想作为首要政治任务，紧紧围绕服务社会服务基层的宗旨，精心组织开展宣讲活动，以“明理、增信、崇德、力行”为标准，使党的创新理论“飞入寻常百姓家”。

一、问题针对

高校学生理论宣讲作为宣传党的创新理论的一种重要方式，在实践的过程中仍然存在着以下问题：宣讲内容偏重理论性，与受众的契合度有待提升；宣讲员缺乏“地气”与“人气”，听众积极性未被充分调动；宣讲方式较为单一，群众参与度有待提高等。

二、主要做法

1. 注重明理，依托全国重点马克思主义学院，增强理论宣讲专业性和实效性

依托全国重点马克思主义学院师资优势，坚持把立德树人作为中心环节，深扎理论之根。“理论 +”宣讲团长聘指导教师队伍由 4 名学院教授、博士生导师，5 名学院副教授、硕士生导师，1 名助理教授，共 10 名导师组成。通过项目指导教师专项培训、评级会专家现场点评、模块专业导师定向答疑的全流程指导，制定精品课程包，严抓课件质量，提升宣讲水平。在此基础上，开展各类有理论深度、有学科特色、有实际效果的思政教育活动，从学理研究到实践积累，最后以理论宣讲的方式呈现，切实做到知信行统一，学思用贯通，把思想政治工作贯穿教育教学全过程，实现全程育人、全方位育人。

打造“理论学习小组 + 组织学习会交流 + 学习成果转化”闭环理论学习模式

2. 注重增信，发挥支部战斗堡垒作用、提升理论宣讲团育人功能

核心成员“在马言马、学马信马”，校地资源共享，真正做到全员全过程全方位培育马学科后备人才，凝心聚力培养马克思主义传播者和实践者。目前，“理论 +”宣讲团与上海市嘉兴路街道等社区共建形成学生实践基地，与陈云故居等红色教育资源共建，逐步孵化仪式教育和理论宣讲基地。在团队建设上，宣讲团组织管理和激励机制基本完善，并将学生在理论宣讲方面所取得的部分成果纳入学院评奖评优考核方案，鼓励学生在发展党员的过程中积极投入理论宣讲相关的社会工作和志愿服务，全方位凝聚思政话语向心力，增强思政教育竞争力。

探索“理论 + 支部”理论宣讲实践创新模式

3. 注重崇德，焕发理论活力，传递理论魅力

自成立以来，“理论 +”宣讲团努力将生动、有温度的理论宣讲带进基层，参与“党始终同人民想在一起、干在一起”的关键环节。宣讲团不断探索、不断创新。第一批次系列现已开发“不忘初心”系列、“学习强国”系列、“美好生活”系列等主题系列；第二批次系列结合上海理论宣讲实际需要及党史学习教育要求，开发“沪情济忆”系列、“百年峥嵘”系列、“擘画蓝图”系列课程。宣讲团送课件进支部、进社区、进基层。单位或团体只需关注“同济理论宣讲”微信公众号即可预约课程，成员利用课余时间广泛开展基层宣讲，努力打通理论宣讲“最后一公里”。

打造“学思践悟 • 笃学笃行”特色宣讲课程

4. 注重力行，打造“理论 +”宣讲品牌，落实社会服务基本定位

“理论 +”宣讲团采用线上 + 线下、在校 + 返乡、实地宣讲 + 微课录制等多种形式和载体。宣讲团成立以来，除了扎根学校、扎根上海，讲师们更是走进社区、走进街道、走进乡村、走进企业，宣讲中国的巨变。上海市内面向社区党员，走进杨浦区定海路街道、杨浦区四平路街道、杨浦区平凉路街道、虹口区嘉兴路街道、松江区中山路街道等作宣讲；寒暑假赴多省面向贫困地区、社委村委等作宣讲调研。在“砥砺七十年，献礼新时代”暑期实践项目中，成员一路扎根上海社区，一路走进家乡基层，从上海市杨浦区街道到四川省甘孜藏族自治州康定市，打通理论宣讲的“最后一公里”，获 2019 年“知行杯”上海市大学生社会实践项目大赛三等奖。

落实社会服务基本定位，打造“理论 +”宣讲品牌

三、经验与思考

1. 坚持知行合一，形成宣讲与实践相结合的长效机制

“理论 +”宣讲团在日常建设中逐步形成“理论学习小组 + 组织学习会交流 + 学习成果转化”三大环节推动的闭环模式，广行实践之义。宣讲团利用全国重点马克思主义学院师资力量优势，定期组织日常理论学习，通过“大家经典读书会”“身边的思政课”等活动进一步学习交流理论成果，最后借助宣讲团平台将优秀学习成果开发制作为课

件，将理论学习成果转化为理论宣讲的“粮草”，由此建立起专业理论学以致用的完整链条。

2. 坚持党建引领，凝聚“硬核”团队合力

党建引领、党员先行，通过“理论＋支部”将宣讲团建在支部创新模式探索的基础上，支部的战斗堡垒作用得以进一步强化。“理论＋”宣讲团多名党员主动担任兼职辅导员，把党的先进思想、理论成果和党员的榜样示范作用、积极影响带到本科生中。宣讲团工作已连续三年获评同济大学学生党支部“对标争先”建设十佳优秀组织生活案例。

3. 坚持推进理论大众化，打造立体化理论宣讲格局

理论＋”宣讲团充分贯彻人民城市理念，尝试以理论宣讲贯穿人民城市建设，进行了系列的理论宣讲创新实践。宣讲员与中建八局（临港片区项目组）进行机构对接，为基层建设者带去题为“守护初心信仰，铸造城市梦想”的理论宣讲。同时，宣讲团力求在方法与策略上不断创新理论宣讲路径：一方面，创新性地提出“理论＋数字”新模式，在宣讲过程中利用视频弹幕，实现与听众的即时互动，获得新华社点赞；另一方面，积极创新理论宣讲互动方式，将党史知识竞赛、沉浸式现场宣讲、辩论说理等创新形式融入日常宣讲实践，增强受众在理论宣讲过程中的参与感与体验感。

4. 坚持推出精品项目，推进宣讲团品牌建设

“理论＋”宣讲团建立和完善微信公众号“同济理论宣讲”，发布各类推送文章百余篇，影响力和辐射力逐步增强。2021 年，宣讲团启动“百年映初心 百讲颂芳华”——百门理论宣讲课程开发计划，献礼建党百年。“百门百讲”系列课程分为“学党史、悟思想、办实事、开新局”四大模块，聚焦党史学习教育，深挖理论内涵。同时，宣讲团开展“赓续四史砺初心 奋勇争先担使命”主题微党课展播，将优秀课件录制成微党课视频，并通过微信公众号等公开渠道向社会推出，以满足基层理论学习的多样化需求。

经过三年深耕细作，“理论 +”的品牌效应日渐显现，品牌知名度在校内和社区不断提升，社区党群作为宣讲团的服务对象表现出极高满意度。在回收的宣讲满意度反馈问卷中，宣讲整体效果平均分达 97.4 分，95.4% 的听众表示愿意继续来听宣讲团的宣讲，上海市杨浦区定海路街道授予宣讲团 2019 年度“定海路街道社区党校优秀讲师团”称号。自成立以来，宣讲团凭借其坚实的理论基础、出色的宣讲能力及丰富的活动形式，吸引了各大官方媒体的关注，已被新华社、学习强国、共产党员全国党建网、搜狐网、中国大学生在线、上海市人民政府、上海市杨浦区人民政府等平台报道。

基于理论，落于实践——同济大学马克思主义学院“理论 +”宣讲团将不断延展理论宣讲内涵、创新基层实践路径，以求焕发思想活力、传递理论魅力，为新时代新征程贡献青春力量。

（撰稿人：刘顺、赵丹阳、刘子亚）

“三全育人”视阈下同济大学学业指导工作体系构建

党委学生工作部、研究生工作部

为满足同济学子的学业发展与指导需求，同济大学以“三全育人”理念为支撑，培育跨校区、跨学科、跨学院的学习共同体；组建“专业导师—成长导师—发展导师—朋辈导师”四支队伍，实现全员育人；聚焦“筑基—赋能—引领”三个阶段，实现全过程育人；形成“预警—提升—助跑—传导”四大工程，全方位助力同济学子全面发展、成长成才、人生出彩。

一、问题针对

高校学业指导是指高校在学业方面对学生提供的指导和帮助，旨在引导学生建立学习思维、培养学习能力、探索个性化发展道路，从而形成励志成才的长远目标。当前高校学业指导工作存在以下问题：学业指导体系不健全，制度不完善；教职工及管理人员对学业指导的认识不到位；学业指导内容不全面，形式单一。

二、主要做法

为破解以上问题，同济大学充分利用高校资源，根据学生的教育背景、学习动机、兴趣与能力，为学生提供学业指导。具体做法如下。

1. 以整合各方教育资源为基础保障的全员育人

持续扩充人员储备，提升学业指导人员的专业素质和指导水平，建立起高标准、严要求、专业化的学业指导队伍。

"校—院系—学生社区"三级体系

（1）专家导师队伍

专家导师队伍由具备深厚学识和广博阅历的专任教师担任，在理论传授和答疑解惑上发挥着至关重要的作用。他们可以通过任教科目的专业指导，使得每一个阶段讲授的知识得以保持连贯性，为学生的学习奠定良好的专业基础。

（2）成长导师队伍

成长导师队伍由肩负着思想政治教育和学业规划指导重任的高校辅导员担任。一方面，辅导员严格贯彻落实"一线工作法"，通过深入了解，掌握大学生学业规划中存在的种种问题，便于后续深入指导。另一方面，辅导员坚持将服务学生作为工作的出发点，引导大学生培养主动学习意识、自我分析方法、学业规划素养，变传统灌输式教育为双方互动性教育。

"专业导师—成长导师—朋辈导师—发展导师"四支队伍

（3）朋辈导师队伍

朋辈导师队伍发挥各年级段优秀学生的榜样力量，承担服务学生、辅助教师、做好榜样的责任，及时与学生交流学业规划经验，帮助学生优化学业规划方案，并积极协助学业导师与辅导员。组织来自各院校各专业的朋辈导师开展交流分享，加大学业规划交流力度。同时，邀请优秀校友作学业规划经验分享，增加学习规划指导深度。

（4）发展导师队伍

发展导师队伍即学业咨询师队伍。学业咨询师对学生进行专业的学业规划指导，帮助学生明确学业目标，建立自主学习的观念，改善学习方法，提高学习效率。

朋辈导师开展学业咨询一对一活动

2. 以注重学生阶段性需求为核心要素的全过程育人

全过程育人是以遵循教育教学规律与大学生成长规律为前提，针对不同年级、不同特点的学生提供的分阶段、分重点的学业指导活动。

对于大一新生，应以融入认知为核心关键，入学前进行先导教育；新生迎新月进行学业适应、成才训练营等适应性教育；专业分流季通过开展新生导航咨询、专业介绍讲座、学业规划讲座等进行学业规划教育。

对于大二、大三学生，应以规划提高为核心关键，搭建各类学习平台，营造良好学习氛围，通过学术论坛、一对一咨询答疑等活动进行针对性学业支持与指导。

对于大四毕业年级学生，应以发展升华为核心关键，加强就业指导、学术诚信教育，引导学生增强团队意识、树立理性就业观念，着重培养其社会实践能力。

“筑基—赋能—引领”三个阶段

3. 以关注学生综合素质提升为源泉动力的全方位育人

全方位育人是指通过建设学业指导品牌工程，构建学业指导组织机构体系和构建学业指导制度体系，充分发挥学业指导体系的协作效应。

学业发展与指导八大品牌项目

（1）建设学业指导品牌工程

高校学业指导工作可分为四大品牌工程：学业困难预警、学业能力提升、能力拓展助跑和优良学风助推。建立并贯彻学业困难预警机制：根据不及格科目数量设立分级预警制度、提供学业改进菜单、建立预警台账、形成学业状况报告，最终通过学业咨询平台及家长平台进行学业帮扶评价。针对学有余力的学生开展学业提升辅导，如开展一对一咨询答疑、专业知识讲座等，帮助其学得更好、精益求精。针对有能力拓展需求的学生，为其打造平台、创造条件、提供便利。积极开展能力素质拓展教育，激发学生的内在学习动力，将学业规划与自身特点、兴趣爱好相结合。加强优良学风建设，通过评选

“学业困难预警—学业能力提升—能力拓展助跑—优良学风助推”四大工程

优良学风寝室、优良学风班集体或学习标兵等活动，营造开放、共享、发展、互助、和谐的优良学习氛围。

（2）构建学业指导组织机构体系

学业指导机构承担着高校学业指导的主要任务，是学业指导工作顺利推进的保障。校级学业指导机构主要负责学校学业指导工作的整体规划、统筹协调、组织实施。另外还需提供必要的经费支持和场地设施，制定一系列管理考核和激励机制。二级院系学业辅导机构主要落实具体要求，结合院系特点，制定细化的学业辅导实施计划。另外，学业指导组织机构还负责扩展与校外学业指导联盟的交流合作。

（3）构建学业指导制度体系

完善的学业指导制度能够梳理学业指导的中间环节，明晰各机构、人员的职责定位，使学业指导工作的开展更为有序。一是完善学业指导人员聘用、培训及评价制度。严格选聘任用，实行考核上岗。定期进行学业指导培训，使得学业指导人员更好地适应学生特点和动态。根据学业指导工作的开展效果进行评价，主要体现在绩效、职称晋升等方面，增强激励作用。二是完善提升学习效果的激励制度。学校可为学业进步的学生提供专项资金或奖励，为学生提供激励方面的保障，更好地追踪学生成长，解决实际问题。三是加强分科式学业指导制度。按照学科、课程的不同对学生进行课程学习指导、专业认知指导。任课教师对自己所教学科的教学大纲、学习重点与难点、学习方法等了解透彻，是分科式学业指导最合适的人选。也可依托学院二级学业指导中心，增加各二级中心的交流和联系。四是构建学业问题预警制度。建立学业规划动态监测机制，对学生每学期的学习及学业规划实施情况进行监测，提醒和督促学生自检自查。对学习过程中可能出现或已经发生的不良后果，进行及时提醒，让学生可以有针对性地采取防范和补救措施，顺利完成学业。五是形成学业指导监督评价制度。各监督评价主体依据政策规定，通过定性和定量分析，对大学生学业指导工作进行监督检查、质量评估和价值判断。一般应包含三个方面的内容：学业指导监督评价的指标体系、学业指导监督评价的组织体系、学业指导监督评价的依据。

三、经验与思考

1. 加强统筹规划，建立科学化、规范化的体制机制

统筹学校多方资源，加强组织领导，建立本科生院、研究生院、学研工部、各院系组成的“学业发展与指导工作小组”，加强部门协同，明确工作职责，建立科学化、规范化的长效工作机制。并通过制度规范和约束，关注重点领域、重点任务及薄弱环节，不断强化学校育人优势、补齐育人短板。

2. 形成工作合力，建设高水平、专业化的工作队伍

成立学院学业发展与指导分中心，组建由专业课教师、辅导员、班主任等组成的专兼职学业咨询师队伍，做好政策保障，建立评价考核体系，为学风建设工作的开展提供强有力的组织和人才保障。组织专项培训，推动工作队伍提升综合实力，在学生学业规划、学习资源运用、学习心理调适等方面给予专业引导。

3. 关注实际需求，构建全覆盖的学业辅导体系

深入了解学生在学习和发展方面遇到的各类问题和实际需求，采取有针对性的辅导措施。定期开展学业辅导研讨会，探讨学业辅导现状，有效整合院校各部门、课堂内外、线上线下等多种资源，积极打造涵盖课程、专业和职业规划发展等内容的协同育人平台，拓展课堂教学、网络教学、实践教学等领域，探索构建既面向全

关注学生需求，举办学业发展与指导活动

体，又针对重点的学业辅导体系，探索构建包括主体、平台、领域等的协同学业辅导模式。

（撰稿人：谭武、马曼·哈山）

以科创人才“拔尖营”培育科学“追光者”

——同济大学启迪班模式探索

团委

为全面贯彻落实党的教育方针，围绕立德树人根本任务，聚焦“学术与育人”第一价值追求，推动一、二课堂人才培养深度融合，同济大学打造三级递进式第二课堂科创人才培养体系，以三个“共同体”加强科研育人有效协同，涵养师生共同成长的学术共同体，协同师生共同发展的育人共同体，构建师生共同卓越的价值共同体。

一、问题针对

同济大学有深厚的创新创业教育基础，在同济文化和卓越精神的熏陶下，学生科学精神、科研素养和学术志趣稳步提升，通过大学生创新实践训练计划、创业谷实践提升创新思维和创造能力，在历届“挑战杯”“互联网+”等高水平科技创新竞赛和学科竞赛中斩获佳绩。但目前大学生的科创培养尚存在一些不足：学生层面的科技创新停留在朴素和被动的阶段，自发的创新思考受限于专业知识和视野，往往“为新而新”，缺乏对研究问题的深入剖析和对技术路线的论证；本科阶段的科研启迪不充分，科创育人的因材施教与分层分类不明显，科创实践的平台载体支撑需要进一步加强。

二、主要做法

针对上述问题，同济大学以“同济天下、崇尚科学、创新引领、追求卓越”新时代同济文化为依托，以“培养一批勇于突破、敢于创新的科创新星，储备一批基础扎实、素质过硬的战略人才，锻造一批百折不挠、奋勇争先的强国青年”为目标，协同科管部、学研工部、本科生院、研究生院、创新创业学院、校友会、科技园，指导同济大学学生科学技术协会、学生会、研究生会、创业谷、学术科技类及创新创业类学生社团开展各类第二课堂教育教学，打造“卓越科创人才”培养体系——“青年启迪计划”“青年启明计划”“青年启航计划”，主动融入同济大学“五位一体”人才培养全链条，打造首届“启迪班”，探索本科生阶段的科创人才培养新模式。

同济大学首届“启迪班”合影

1. 打造科研启迪“加速器”

针对本科生学术培养阶段，开展首届“启迪班”“学术之星”等科创活动，致力于涵养科学素养，扎实理论基础，培养创新精神，营造科创氛围。首届“启迪班”通过“科学素养与科创思维”“科研项目实践进阶”两个阶段进行分层培养。“科学素养与科创思维”培养阶段的培养内容包括科学启迪、实践参观等。“科研项目实践进阶”阶段组建12支科研创新小组，在科研导师、企业导师、朋辈导师的共同指导下，开展科研项目实践。

2. 培育科研启迪“追光者”

“启迪班”的培养坚持以科研育人为导向，坚持将拔尖培养与自我成长相结合；坚持将科研思维提升与科研技能学习相结合；坚持将师生共研共创与朋辈教育相结合，因材施教，激发学生科创的积极性、主动性。2022年9月，首届“启迪班”共遴选60名学员，同济大学原校长吴启迪、中国工程院副院长钟志华亲切寄语，聘请20名科研导师、企业导师、朋辈导师，共开展导师会客厅9期，朋辈青年说3期，实践参访3期，以“低碳校园”为主题完成第一期探究性创新课题。在此基础上，“启迪班”科研导师与企业导师共发布12项科研项目，组建团队开展师生共创科研实践。

3. 培厚科研启迪“新土壤”

为涵养科学素养，扎实理论基础，培养创新精神，营造科创氛围，保障科研培养的全面性，“启迪班”坚持多维度多角度教育培养：“导师会客厅”以“科技研究的基本方法论”“学术论文从写作到发表的全过程解读和建议”“如何利用交叉学科重构科学问题”“如何面向国家需求展开创新活动”等为主题开展报告，导师们深入浅出、逐步递进地为“启迪班”学员带来了一场场科创盛宴；“实践参访”分别到中国商飞、风洞实验室、磁浮基地、桥梁振动台等行业前沿及国家重点实验室进行实践参访，扩宽学术视野，强化实践本领。

三、经验与思考

校团委聚焦科技创新，坚持学生为本，打造青年“启迪班”培养模式，创新同济大学“卓越科创人才”培养路径。聚焦科技前沿领域，打造科创育人平台，汇聚优质教师队伍，融合专创实践资源，加强科研育人有效协同。

1. 开展阶梯式分层培养

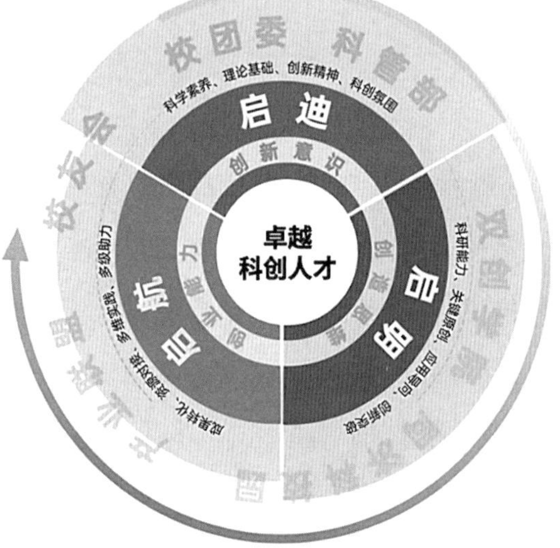

三级递进式“卓越科创人才”培养体系

实施分层分类，覆盖育人过程。打造“青年启迪计划”“青年启明计划”“青年启航计划”三级递进式第二课堂科创人才培养体系。本科生科创启迪阶段围绕“涵养科学素养，扎实理论基础，培养创新精神，营造科创氛围”；研究生科研启明阶段围绕“提升科研能力，注重关键原创，聚焦应用导向，实现创新突破”；师生校友双创启航阶段围绕“加速成果转化，推动资源对接，支撑多维实践，实现多级助力”。首届“启迪班”聘任科研导师、企业导师及朋辈导师，通过“科学素养与创新思维”“科研项目实践进阶”两个阶段培养，打造科创人才“拔尖营”。在导师会客厅、实践参访、启迪朋辈说和探究性创新课题设计等基础课程外，融入启明阶段和启航阶段的内容：观摩研究生科研论文公开答辩，参加博思论坛、枫林讲坛、“拓界”读书会等，参加同济创业谷项目，赋能科创项目成长落地，聚焦交叉创新和学科前沿，拓宽科研视野，打造信息共享、学科交融、自主合作的学术创新交流平台。

2. 打造体系化培养方案

“启迪班”聚焦科技前沿领域，在学员招募、探究性创新课题设计和科研项目中注重学科交叉和专业融合，在面向未来经济社会发展的基础性、关键性领域，打破传统按照学科门类划分的知识体系，凝练独具优势。“启迪班”注重创新人才培养模式，打造科创育人平台，探索形成以科技前沿技术为驱动的面向未来技术的人才培养新模式，构建面向未来技术的课程体系、实践体系、研究体系，探索一、二课堂联动机制，以科研理论知识为抓手，以科研操作、企业参观等实践为载体，营造有利于产生各类突破性双创成果的创新氛围和环境。“启迪班”汇聚优质教师队伍，以适应未来技术人才培养特点为目标，汇聚一支满足培养未来技术领军人才培养需求的高水平导师队伍和企业导师，扎实推进师生共研、共创。

同济大学青年启迪计划卓越师生科研共创项目发布

3. 夯实协同化育人模式

强化资源整合，加强内外联动。校团委与学生工作、科研管理、教学行政等部门及科技园、校友会、产业联盟等多方协同，指导同济大学学生科学技术协会、学生会、研究生会、创业谷、学术科技类及创新创业类学生社团开展“启迪班”等各类第二课堂育人工作；广泛整合资源，协同上海市科技团工委等单位推出“百 +”科创育人实践基地作为启迪储备实践参访地点；打造“三圈一环”协同工作机制，汇聚高校、科研院所、校友企业等各方资源，为“启迪班”科研项目实践等科技创新领军人才培养提供技术、经费、师资等全方位有力支撑。校内，以“卓越科研育人”师生课外创新专项为内容参考，以揭榜挂帅的形式发布课题组建师生共创团队为形式参考，组建“启迪班”科研项目师生共创实践团队，孵化前瞻型、学科交叉型项目，并为“挑战杯”“互联网+”等高水平竞赛打造“蓄水池”；校外，以师生同行、校企共创、校社合作等多种模式开展高质量合作，让同济“启迪班”学员走近中国商飞、“雪龙”号、月壤探测、云洲无人艇等重大战略，引领青年立志面向前沿领域关键技术久久为功。

同济大学首届“启迪班”参访中国商飞 C919 制造

4. 弘扬科学家榜样力量

汇聚榜样力量，选树启迪典型。针对学生群体，将“学术之星”“学术先锋”品牌作为标杆示范，作为“启迪班”学员科创榜样，储备更多学术典型和榜样事迹；针对教师群体，以“上海科技青年 35 人引领计划”为引育平台，协同科管部、人才办及各学院广泛选育，不拘一格推选青年科技英才，作为“启迪班”科创导师，陪同学术道路，引领学术发展。打造“科创盛典”年度颁奖典礼“追光”舞台，大力弘扬科学家精神，以 35U35 青年科技领军人才带领“启迪班”学员开辟方向，以 30U30 青年卓越科创人才带动“启迪班”学员共同成长，勇攀科研高峰，投身科创报国，持续发挥科学明星的引航作用。

同济大学“科创盛典”年度颁奖典礼

（撰稿人：张绣宇）

乘风破浪扬帆起，砥砺奋进正当时，风里雨里530等你

体育教学部

为更好地回答“为谁培养人、如何培养人、培养什么样的人”的教育之问与时代之问，贯彻落实习近平总书记在全国教育大会上提出的“培养德智体美劳全面发展的社会主义建设者和接班人”要求，全面推进“三全育人”综合改革工作开展，同济大学世联行赛艇会以高校体育社团为载体，以社会与自然环境双向融合为手段，多措并举共同培养身体强健、意志坚强、品质优良、具有国家使命意识和国际视野的复合型人才。

一、问题针对

高校体育社团是高校体育育人的“第二课堂”，是在“共同爱好、共同志趣、共同目标”推动下，以“趣”带练、以“趣”促体的“体育共同体”。同济大学秉持“同舟共济”理念，在推动赛艇运动的普及发展、推动大学生文化教育和体育锻炼协调发展方

面走在上海高校前列。但目前高校体育社团在育人方面存在以下问题：一是，促进学生参与体育社团的可持续发展的动力机制有待加强；二是，“全过程育人”中外部制约要素较明显，缺乏不同场域的练习环境、不同院系学生训练时间难以协调统一；三是，“全方位育人”体系薄弱，如学校体育社团功能拓展不够充分，缺少大型体育赛事交流或水上运动项目论坛等。

同济大学世联行赛艇会

二、主要做法

针对以上改革困境，同济大学赛艇社团通过协同育人机制，拓展竞技空间、筹备学术论坛、提高创新创业等能力，扩大体育育人张力，以全面落实立德树人根本任务。具体做法如下。

1. “建起来”——开拓训练场域，提高学生自然适应力

通过与水域区域企业合作，建立同济大学赛艇训练基地，促进训练场地的多元性，提高学生对不同自然场域的适应力，进而培养学生自然“生存”能力。同时，利用人工智能平台，打造陆上赛艇竞技“元宇宙”，通过不同竞赛场景、自然环境的切换，淬炼学生心理意志品质。

同济大学世联行赛艇会训练基地

2. “练起来”——协调备战时间，形成“530 俱乐部”特色

通过积极协调统一各个学生时间，集中力量搞训练，提高同艇队员默契度，形成同济品格。设定每周三次 5:30 的晨训，培养出一批批卓越体育人才，极大地推动了赛艇文化的发展。

世联行赛艇会 5:30 晨训

3. “走出去”——拓展赛艇竞技空间，发挥体育“叙事”能力

通过积极参与国际赛艇竞技赛事，拓宽学生国际视野，提高学生在竞技中的身份认同感；通过优异成绩的获得，提高学生集体荣誉感与同济归属感。同时，以赛艇为叙事

美国查尔斯河赛艇大赛

对象，借助国内外竞技平台，提高同济出镜率与影响力，打造同济赛艇品牌，展现同济风貌。以高校体育现代化诠释中国体育发展现代化，强化学生国家认同感与使命意识。

上海赛艇公开赛

4. “创起来”——以体育带动创新创业，促进学生能力可持续发展

一是，依托学校创新创业学院的创新创业项目，将赛艇运动和学生各自的专业相结合，增强体能与技能的同时，培养学生创新意识和创新能力。二是，对标学生课程体系，加强社团竞赛向实践课程转化，以学有所“创”激发并带动更多新生力量注入同济赛艇运动，丰富同济体育人才资源。三是，积极筹备学术论坛，发挥体育社交属性。通过积极参与或筹办各种论坛交流活动，邀请兄弟院校同台竞技与同台交流。同时，结合社团成员的学科专业，拓展学生学科交叉研究思维，提高学生科研成果转化能力，推进创新创业实践，以实现由练到赛、由赛到学、由学到业的全过程育人逻辑。

同济大学世联行赛艇会科研论坛

同济大学世联行赛艇会赛前集训

5. “管起来”——强化管理措施，规范体育竞赛体系

同济大学世联行赛艇会在体育教学部领导下，由体育部党委副书记叶宇担任领队，由国家队前队员周意男老师担任总教练。2017—2022 年，世联行赛艇会累计注册队员两百余人，同时充分借鉴哈佛大学、牛津大学、剑桥大学等高校运营经验，采用俱乐部管理架构，培养、选举出经理与队长，共同组成理事会，下设社团和校队，分块管理。通过制度先导，规范日常活动、训练、选拔和奖励机制，形成“社团 + 俱乐部 + 校队”的三重运营模式。

中国大学生赛艇锦标赛男子四单金牌选手合影

三、经验与思考

随着同济体育育人体系的逐步完善，同济赛艇运动也进入快速发展期，学生在参与赛艇社团活动、竞赛中，不仅在生存技能方面能够掌握与自然搏斗的能力，而且在学术社交方面能够与兄弟院校学生线上共同训练、切磋技术；在成果实践方面能够通过创新创业将理论成果转化为实践应用；在“中国叙事”方面能够通过塑造同济体育形象，传播同济青年之声，塑造同济精神风貌，拓展同济叙事中国路径，进而实现赛艇运动推进德智体美劳“五育并举”育人体系的完善，回答“为谁培养人、如何培养人、培养什么样的人”的教育之问。

1. 建立健全机制保障，提高体育与各学科协同育人能力

建立健全协同育人机制，为社团的可持续发展提供了丰富的人才资源储备。提高体育与各学科协同能力，完善竞赛育人评价指标，明确竞赛育人要素，强化体育“更高、更快、更强——更团结”精神在生活中的迁移能力，提高学生全面发展水平。

2. 拓展交流渠道，打通同济体育文化传播渠道

“走出去”“引进来”强化体育交流能力，在学术能力上体现“站在巨人的肩膀上”；在叙事能力上实现“站在祖国的大地上”；在创新创业上实现“站在时代的风口上”；在文化传播上展现“浸润在同舟共济精神里”，全方位发挥体育育人能动性。

3. 完善备战训练体系，提高学生主人翁意识

加强校企合作，建立校内外训练基地，打通自然育人、社会育人的双重育人通道；加强师资投入，引入奖励机制，加强竞赛成果的转化力度，提高学生弘扬同济精神、传播同济赛艇文化、加强同济赛艇品牌影响力的责任感与使命感。

（撰稿人：叶宇、周意男、王晓慧）

以课程为抓手夯实心理育人成效

——同济大学创建生命教育特色课程

党委学生工作部、研究生工作部

课程课堂教学是“三全育人”的重要阵地，同济大学在落实“心理育人”的实际工作中发现，新时代大学生的关注焦点从祖辈“如何活下去”的生存型难题转变为“如何活得好”的发展型难题，关于生命的困惑直接影响着他们当下的求学生涯和对未来的向往，但主动寻求心理咨询的大学生数量仍较为有限。针对此类实际而迫切的现实困惑及成长需求，同济大学于 2018 年开始筹划运用课程教育载体展开系统生命教育。2020 年新冠疫情期间，学校依托校心理健康教育与咨询中心正式开设特色课程教学，并就此持续开展生命教育课程研发、教学实施和深化总结，希望借此覆盖更多有需求的学生，目前已取得初步成效。

一、问题针对

大学生在完成阶段性的升学目标后，离开家庭，进入大学，开始与同龄人在更复杂多样的环境中共同学习成长。此时的他们需要独立作出很多人生选择，也因为心智的成熟而对生命作出更多思考与探索。与此同时，大学生的世界观、人生观、价值观正处于形成关键期，尚未稳固和完善，在不断探索、追问与求知过程中又承受着社会迅猛变迁与不确定性带来的巨大压力，因此容易陷入茫然无措，甚至遭遇生命困顿。近年来不断见诸新闻报道的高校生命危机事件凸显出生命教育的薄弱和缺失。

提高生命的质量和提升生命的价值就是教育的本质。如何在高校中开展系统有效的生命教育是多方共同关注和需要研究的重要课题，需要全员全过程全方位投入的合力探索、实践和反思。

二、主要做法

2020 年新冠疫情期间，同济大学快速整合和系统总结过往生命教育相关讲座与活动的突出成果，形成线上视频课程向学生广泛推出，获得师生一致好评。在恢复线下教学后第一时间将线上课程拓展为线下公选课。目前已在多个校区共开设 8 个平行班，学生选课积极踊跃。该课程连续三年获得上海市教委专题立项，课程主讲团队牵头全市大中小学生命教育课程研发项目，组织开展多次全市范围的生命教育课程研讨会，组合全国专家资源深入推进师资队伍建设，获得主流媒体的多次专题报道，并不断开发、实践生命教育的多种途径和载体。

1. 线上线下课程相合，理论教学和实践体悟并重

2020 年 3 月，同济大学推出 24 讲共 450 分钟的线上视频课程“大学生生命教育：生存生机生活”，收入学习强国 App 同济大学站点。2022 年秋季正式开启线下课程，即全校公共选修课“生命的省思——如何过好这一生”。课程结合心理学、哲学、教育学、医学等多学科视角，以培养学生关怀生命、理解生命、敬畏生命、发展生命的意识和思维为目标，希望达到知行合一的教学效果。每个课程单元从学生的实际困惑案例引入，设计“知情意行”多维度教学环节，兼顾学理知识和体验感悟，每个专题均布置实践性

或合作性作业，帮助学生将课堂所学所感所思延展到课后日常生活中。

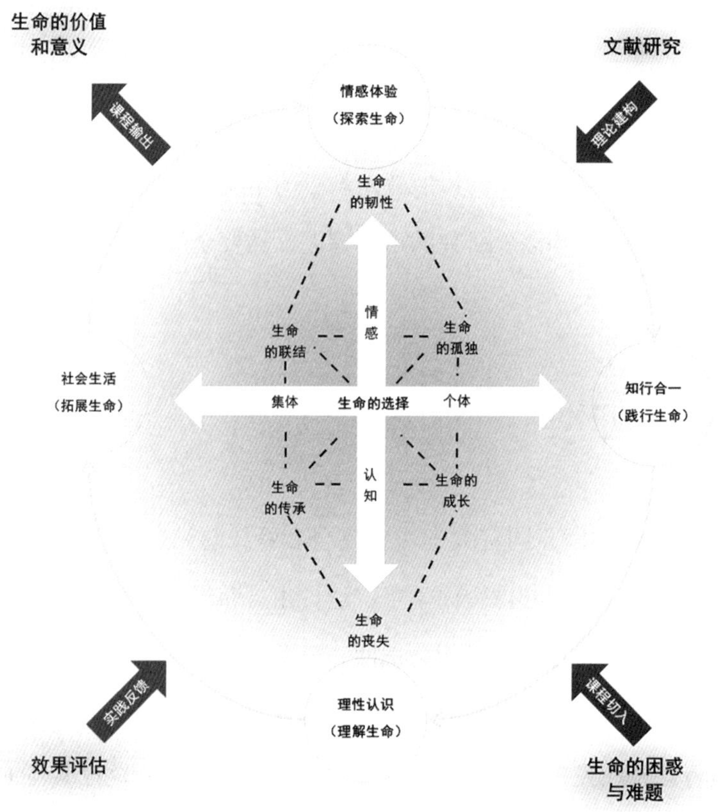

生命教育课程设计框架图

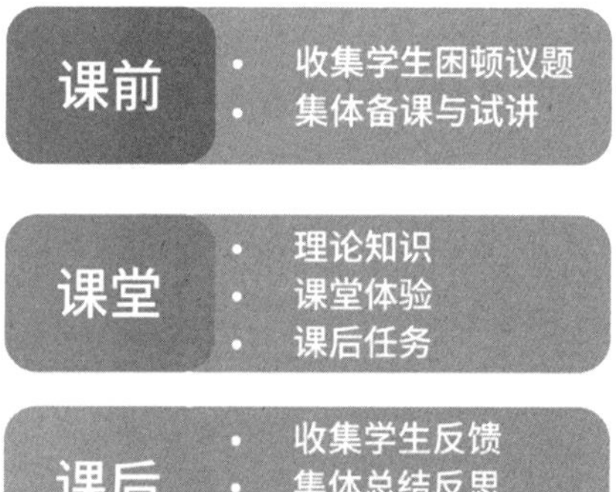

生命教育课程实践流程图

2. 以集体备课打磨课程，建后备师资提升教学

该课程一经推出便获得师生广泛好评，现已成为同济大学特色课程。为扩展线下课程，主讲团队采取多种措施扩展师资队伍及提升教学质量。一方面，成立课程研发项目组，通过“备课—试讲—反馈—再备课”循环式集体备课机制，在“边讲课听课边集体备课”的过程中，培养了30余名辅导员教师成为后备师资。2023年春季学期，线下平行班的数目达到8个，已有授课资格的教师达16人。另一方面，项目组帮助授课教师及后备师资团及时凝练教学中的现象与问题，不断优化课程，并且共同申请课题、发表论文和出版教材著作等。项目组已公开发表课程相关论文2篇，申请校级课题2项、上海市教育科研一般项目1项，出版译著1部，并出版教材著作1部。授课教师及后备师资团表示，教学相长的授课经历帮助他们更理解和靠近大学生的生命体验，也为个人的专业化发展和自我成长提供助益。

3. 组织专家研讨促多方合力，借助媒体宣传建育人生态

新形势下，高校生命教育课程的建设、实施、创新与发展，需要多学科多领域专家和一线实践工作者、志愿者群策群力，从当前社会背景和大学生实际需求出发，深入研讨，优势互补，完善大学生生命教育课程体系，营造优质生命教育生态。在上海学生心理健康教育发展中心的指导下，同济大学于2021年和2022年成功承办了3次市级学校生命教育课程研讨会，邀请全国知名专家对课程的教学目标、内容框架、教学方法、效果评估等进行线上线下相结合的研讨，大中小学心理专业教师、相关领域教育工作者和部分家长共计数千人参会。截至2023年1月，同济大学已经完成5轮线下教学，积累了较为丰富的教学素材和学生作业反馈，授课教师也进行了大量的经验反思。为将线下课堂中的学生反馈展示给更多受众，引发共鸣和启迪，2022年，课程依托同济大学心理中心微信公众号推出“你好啊，生命”生命教育专栏，利用新媒体技术扩大影响面。专栏旨在陪伴年轻善思又勇于探索的大学生群体共同回应来自真实生活的生命困惑，展示互相激发创意的生命互动，帮助青年人找到志同道合的同龄人探讨提升生命的品质，共同面对各种人生问题。栏目内容充实、形式丰富，包含影视鉴赏、书籍品读、实践互

动、简单练习，以及“生命的省思”课程优秀作业、课堂实验、社会调研等，也访谈了各类有着鲜活体验的生命实践者。截至 2022 年年底，栏目共发布专题内容 20 余篇，阅读量达 16 081 人次。同济大学对生命教育的研发与实践获得广泛的社会关注，并得到多家新闻媒体的专题报道。2021—2022 年，《文汇报》、《解放日报》、新华社、《光明日报》等曾先后对课程及研讨会内容进行了采访和报道，有利于推动该项目进一步发挥更广泛的社会公众辐射影响力。

后备师资集体备课实景及新闻

心理中心微信公众号“你好啊生命”栏目展示优秀学生作业

10 | 教育 | 卫生 | 公告 | 广告 文匯報

聚焦上海教育数字化转型

长宁区、宝山区、徐汇区发布教育数字化转型实验区方案

生动有趣！数字化转型“引燃”课堂之变

减少考前1天不必要聚集和跨地区流动

如何面对孤独、衰老和死亡？同济大学这门课上，有学生完成了青春期后与父母第一次亲密谈话

生命教育课成为充满温度“网红”课

2021 年 11 月，《文汇报》专访同济大学生命教育课

还没上完就已恋恋不舍　这门生命教育课缘何成为“网红课”？

九派新闻

发布时间：2021-12-13 16:54　九派新闻官方账号

新华社客户端上海12月13日电（记者 吴振东）“今天的你，过得高兴吗？”“回首过去的大学学习生活，你有深感孤独的时候吗？”这些“灵魂拷问”都出自同济大学的生命教育课。学期还未结束，有学生已流露出对这门课的不舍：“8周的课完全不够上，再来8周吧”“老师的每节课都让我觉得很安心，谢谢与您相遇”……

据了解，这门生命教育课由同济大学心理专家在疫情期间创设，取名《大学生生命教育：生命生机生活》。课程入驻学习强国App后得到师生好评，并在恢复线下教学后进一步升级，更名为《生命的省思——如何过好这一生》。课程共涵盖“生命的价值”“生命的成长”“生命的传承”“生命的孤独”“生命的亲密”“生命的韧性”“生命的消亡”“生命的选择”八个主题。

2021 年 12 月，新华社报道同济大学生命教育课

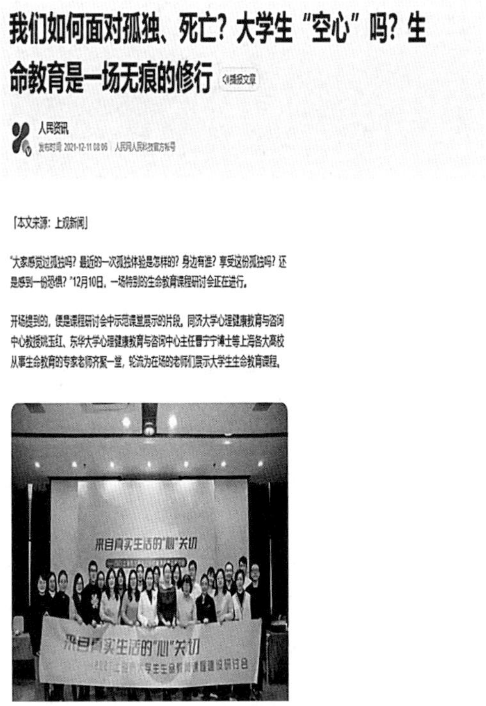

我们如何面对孤独、死亡？大学生“空心”吗？生命教育是一场无痕的修行

人民资讯

发布时间：2021-12-11 08:06 | 人民网人民科技官方帐号

「本文来源：上观新闻」

“大家感觉过孤独吗？最近的一次孤独体验是怎样的？身边有谁？享受这份孤独吗？还是感到一份恐惧？”12月10日，一场特别的生命教育课程研讨会正在进行。

开场提到的，便是课程研讨会中示范课堂展示的片段。同济大学心理健康教育与咨询中心教授姚玉红、东华大学心理健康教育与咨询中心主任曹宁宁博士等上海各大高校从事生命教育的专家老师齐聚一堂，轮流为在场的老师们展示大学生生命教育课程。

2021 年 12 月，《解放日报（上观新闻）》报道同济大学生生命教育课

光明日报

思想文化大报、知识分子精神家园

打开

直面生命的不确定性 2022年上海市大学生生命教育课程建设研讨会召开

光明日报客户端 光明日报全媒体记者孟歆迪 2022-12-18 20:53

12月16日，由上海市教委德育处、上海学生心理健康教育发展中心主办，同济大学心理健康教育与咨询中心承办的“直面生命的不确定性：丧失与应对”上海市大学生生命教育课程建设研讨会在同济大学顺利召开。

2022 年 12 月，《光明日报》专访上海市生命教育课程建设研讨会

三、经验与思考

从当前的教育现实来看，教育仍多以升学为目标，缺少人文关怀，较少关注学生人格、情感、人际、生命观等方面的素质教育。高校教育作为学生进入社会前最后的正式学校教育，需要对这些可能的缺失进行系统补足甚至纠偏。同济大学生命教育课程的研发和实践在上述教育宗旨的指导下，取得了一些成果，同时也存在不足，有待未来继续完善。

1. 将生命教育与思想政治教育目标紧密结合

大学生群体需要价值观上的思想引领。生命教育从个体的生活经验出发，结合社会学、哲学等视角，强调个体与群体的和谐共赢。现有的八个教育板块——生命的价值、成长、传承、孤独、联结、韧性、消亡和选择，可以分别与思想政治教育的内容相对应，即人生意义、立身树人、守正创新、自信独立、团体合作、责任担当、理性平和和志向高远，从而更深入落实心理育人目标。

2. 加强课程效果的科学评估和综合反馈

进行综合完整的课程教学反馈需要科学多元的评估手段，包括教师、学生和专家评课等多个来源。从学生评议来看，目前呼声最高的是采用更丰富新颖的上课形式，给予学生更多的表达交流机会，并增加师生真实生命故事的案例展示。针对这些建议，在未来的课程设计中，将更加注重发挥学生的主体性，引入角色扮演、社会调研等强互动的教学方法来增强学生在课程中的体验感。同时，课程研发团队也将寻找和开发适切的测评工具及方法来评估教学效果。

3. 不断丰富高校生命教育的路径和方法

教室里的生命教育因时空的限制，开展的手段较为有限，在师资队伍日益壮大的基础上，项目组将发挥学院和学生的自主性和创造性，深入社区、学院举办各类小型主题生命教育工作坊，如“生命咖啡馆”等，创新探索课程配套的心理工作坊、团体活动等，作为课堂教学的有力补充，特别是学生在新冠疫情过程中产生的对于生命的感悟思考，需要更灵活的小团体形式来作出回应。

综上，生命有着丰富的面向。因此，大学生生命教育需要全方位全系统的参与。以学生为主体，心理健康教师、心理咨询师、辅导员、专业任课教师、学校管理者、家长群体等为系统资源，社会各界协调一致，共同促进，期待最终形成生命教育“人人有责、人人参与、人人可为”的合力联动大格局，为学生健康茁壮成长保驾护航。

（撰稿人：王乐实、陆可心、姚玉红）

思政为帜，教化于艺，在新时代同济文化浸润中领育新人

艺术与传媒学院

大道立于心，美育养于人。为纵深推进“三全育人”综合改革试点建设工作，同济大学艺术与传媒学院发挥学科优势、彰显办学特色，紧抓学院获批上海高校课程思政整体改革领航学院、入选学校“三全育人”综合改革首批试点学院和第二批“三全育人”示范学院创建单位等契机，擎领思政教育风帆，聚力在文化育人上绘宏图、着亮色；秉持育人为本、春风化雨的理念，强调以课授业、以戏化人、以剧聚心，以丰富多元的活动全景式营造育人浓厚氛围，以凝练的艺术表达创造沉浸式、可感知、富体验的美育情境，以长效体制机制建设深化文教结合，由此不断深耕涵养新时代同济文化，以院系一域的品牌打造助推大学文化建设全局，积极探索形成了思政为帜、文育与美育一体互嵌、专业建设与育人实践交融共济的“范例蓝本”，致力于打造打响具有同济特色、彰显同济气派的精神弘扬标识和人格涵养名片。

一、问题针对

观乎人文，以化成天下。文化是一个民族的精神和灵魂，是国家发展和民族振兴的强大力量，对完满人格的养成有着潜移默化和深远持久的影响；高校更是文化传承和创新的重要高地，理应彰显使命担当，推进文化自信自强。但在以往工作实践中仍存在体系化、系统性推进文化建设发力不足的问题：师生共融共创渠道不完善、实现载体浸润体验不充分、育人举措情感互动较为薄弱，最终导致实际成效与学生主体诉求、高校发展愿景存在一定差距。

二、主要做法

为破解以上问题，艺术与传媒学院在学校党委的统一领导下，与学校党委宣传部、学研工部、本科生院、研究生院、团委等职能部门紧密联系配合，着力发挥学院办学特色和学科优势，协同调动全院力量热忱参与各项工作，紧紧抓住思政引领这一旗帜主线，推动以文化人与美育、艺育相嵌融合，将院系建设与大学文化建设全局同频对接，矢志做到在新时代同济文化浸润中领育新人。具体主要举措如下。

1. 规划先行，建设公共平台集聚育人中坚力量

坚持“一盘棋”思想举旗定向、“挂图作战”；对标《同济大学“十四五”发展规划和 2035 年远景目标纲要》，推动原创话剧编排先后纳入“十三五”“十四五”校园文化建设发展规划，参与制定学校美育工作专项实施方案，主力参与学校艺术教育委员会，发挥专题会、组委会会议、工作联席会等协同机制效能，支撑开展新时代同济文化建设和美育教育工作。立足学院层面强化顶层设计，依托党委会、党政联席会统筹部署，将推动校园文化建设纳入讨论议题，制定《学院课程思政实施方案》《专业课程评价体系纳入艺德、劳动、合作等内容的制度》等系列规章制度，以多科室的同心同向、团结协作为各类文化建设活动“搭台”，依托有序规划不断建设布局校园、服务师生、共汇共创的文化导向引领、文化环境培育、文化载体支撑和文化影响传播平台，集聚中

坚师资力量，锻造同济文化育人的“强师劲旅”。

2. 融育于艺，凸显师生共同打造美育沉浸场景

深研校史校情，内向挖掘当中蕴含的“人”“物”“史”“事”，联合地方共建逐步积累艺术创作的“底料”，先后创作了演绎水准高、内涵丰富、底蕴凸显的各类艺术精品力作，涵盖“同济三部曲”——《同舟共济》《国之英豪》《铸诗成剑》、校园版歌剧《江姐》和民族实验歌剧《志丹，志丹》等。连续多年开办红色艺术教育季、新生教育周、主题音乐会、专题画展等各类文化活动（年均40余场），营造浓郁氛围和浸润情境，助力全校学生在欣赏、体验和参与的过程中受教于心、外化于行。无论是剧目排演，还是活动筹办，均全方位鼓励学生自觉参与，将育人要素融入艺术创作和传播过程中，做到主创人员均为同济师生，且师生共同参与前后全流程，实现剧目创排和活动筹办过程中舞台即讲台、剧本即课本、实践获真知，做到润物无声式育人、春风化雨式引领。

开展的各类特色文化活动

3. 寓学于领，夯实专业支撑贯通学风涵养链条

推动剧目演出成为学风涵养的领育“范本”，以会演实践衔接日常专业教学培养，立足综合性大学艺术办学特色反哺形成“教—演—学—研”进阶式等课程体系，人才培养体系荣获上海市高等教育优秀教学成果项目二等奖，在全国第六届大学生艺术展演活动中获得 6 项大奖。着力大学美育知识传授与素质培养，建设核心课程与实践课程集群，承担线上必修通识课 70% 学时，覆盖 6 000 余名学生；获得标识认定的美育实践课程共 42 门，组织编写美育核心课程配套教材。依托传播系学科建设发力人文养成，制作“济遇”“红色足迹”等系列纪录片，开展“画笔为戈、同舟共济”“礼赞百年 逐梦前行”等主题创作活动，依托专业课程推出“上海记忆 40 年”“70 年来的每个你”等课程成果。连续多年承办上海大学生公益广告大赛，承办首届长三角公益广告征集大赛，获中国科协批准立项建设学风涵养工作室，激发青年学生能动性和创造力，打造价值引领、兼具美韵的公共文化产品。

形成的各类特色课程教学和赛事筹办成果

4. 蓄能牵引，立足校园全域创建思政一体格局

将校史文化资源的利用创造和百余年办学底蕴的赓续挖掘转变为生动的学思践悟场域，协同推进专业教育与课程思政深度融合、协同推进美育育人与新时代同济文化涵养深度融合。推动各类艺术精品成为大型校园文化活动必设环节，推动红色艺术季、新生教育周成为校内常办常新的活动项目，各类活动累计覆盖全校师生超30万人次，以共看一剧、共听一曲、共同参与一次艺术实践的创新形式增进集体认同。推动“光盘行动”、垃圾分类等主题广告创作落地校园、服务日常；联合动画专业和学生党支部创作“中国精神”系列动画短片共17部，提供广大学子喜闻乐见的学习素材，并在“学习强国”平台开放上线。面对新冠疫情突袭校园，在坚持统筹做好疫情防控工作的同时，发挥学院校园文化重要引擎的作用，开办“战疫”系列学术报告会，着眼艺术前沿、人文反思和媒介素养等主题引导学生纾解心理压力、树立正向价值观。承办“以艺为媒，以美为介”——同济大学首届艺术疗愈国际研讨会，立足校园打造有吸引力、号召力的国际艺术教育交流平台，开创美育与艺术疗愈融合的新篇章。

创作的《中国精神》系列动画短片

承办同济大学首届艺术疗愈国际研讨会

5. 向心辐射，面向社会公众丰富文化精品供给

将各类精品文艺活动纳入高校文化传承创新、服务社会公众的“蓄水池”，盘活打造环同济服务圈、辐射圈的源头醴泉。坚持“开门办演出”的历史传统，连续多年承办德国音乐周、“上海之春”国际音乐节暨同济大学音乐表演艺术成果展示周等活动，面向周边社区开放观演通道；结合新冠疫情防控要求拓展实现线上线下同步观演，依托《国之英豪》剧目入选中国科协、教育部、共青团中央等五部委联合开展的“共和国的脊梁——科学大师名校宣传工程”，将演出纳入全国巡演行列，面向社会弘扬科学家精神，以多媒体、多平台联合转播的方式推动演出“走出校门”，结合数字化方式发挥高校优势为社会公众提供指尖可触及、生动可感知的文化盛宴。依托建有的“大中小思政一体化”等工作体系选送精彩片段入社区、进中小学，把演出舞台办在社区一线和中小学课堂，充分发挥文化育人在跨学段推进思政一体化中的浸润作用。引导学生各类创作服务城市建设和社会发展，数据新闻类作品在“澎湃新闻”平台上开设专栏，战疫主题画作获得“视界”栏目专题推荐，强势传播同济话语；公益创作“上线”大学生“公益广告专列”，将灵动创意打造成一道道传播正能量的流动风景线。

《光明日报》、澎湃新闻等媒体聚焦学院文化育人成果

三、经验与思考

在纵深推进文化育人工作的过程中，艺术与传媒学院打造打响了“艺传出品，同济精品”文化服务品牌，创编出一系列艺术精品，助力营造底蕴深厚、特质鲜明、创新引领、追求卓越的一流大学文化；深化了课程思政与专业教学融合的实效，扎实提升了青年学子的审美能力和文化素养，学院师生在全国性各类专业比赛中获优异成绩；积累沉淀出以院系特色发展服务学校建设全局的特色案例，形成输出了人文艺术类复合型人才培养的“同济经验”，育人成效获得社会广泛认可和良好评价。未来还将持续创新工作方式方法，推动各类文艺活动因师生而创、到师生中去，为校园文化环境营造打造更鲜活、更时尚的品牌特色，引领更多青年学子投身火热的国家富强、民族复兴的伟大征程。

（撰稿人：甘露顺）

瞄准难点、聚焦热点，推进“就业育人”体系再升级

——同济大学全力开展大生涯规划计划

党委学生工作部、研究生工作部

为扎实推进“三全育人”综合改革试点工作，同济大学始终把毕业生就业工作摆在突出位置，把大生涯规划计划作为抓好“三全育人”改革工作的成效体现，坚持以服务国家重大战略和经济社会发展为导向，以强化“就业育人”实效为抓手，不断健全就业工作机制，推进就业引导工程，提升生涯教育质量，努力促进毕业生高质量充分就业。

一、问题针对

近年来，随着我国经济发展进入新常态，以及受到新冠疫情影响，就业创业工作遇到了新挑战。一是国家经济新常态背景下，中美贸易摩擦和新冠疫情等公共事件直接对高校毕业生就业市场产生影响，加之全国高校毕业生规模逐年递增，总体面临更加复杂严峻的就业形势。二是经济结构转型催生新经济、新业态、新职业等新情况、新现象，

按照立德树人要求做好大学生择业观引领十分迫切。三是科技革新极大促进了新媒体技术发展，给大学生生涯教育、就业能力提升、校园招聘市场组织等就业工作的各环节都带来了更多个性化需求和挑战。

同济大学 2023 届毕业生校园综合招聘会嘉定专场现场

二、主要做法

1. 强化顶层设计，建立健全工作机制

坚持以服务国家战略需求为导向，以“双一流”建设为引领，以服务地方经济建设为主线，发布《同济大学毕业生高质量就业促进计划》，健全“部门联动、学院齐动”工作机制，着力构建责任明确、协同推进的就业工作格局。建立“学校—学院就业工作分管副书记—学院就业专职辅导员—毕业班班主任（辅导员、导师）—学生骨干（毕业班级联络人）”五级联动育人体系，持续推进学生就业引导工程，以学生为本，实现浸润式生涯教育、精准化就业服务和育人型学生管理模式。针对学生不同层次生涯发展需

求，积极落实就业工作育人职能，着力推动毕业生更高质量和更充分就业，将一流人才输送到祖国最需要的地方。大力推进招生—培养—就业联动机制的完善，面向全体新生，完成生涯教育方案整体性设计，服务“宽口径、厚基础”拔尖人才培养新需求。通过制作发布新生生涯规划导航视频、发放新生生涯规划教育资料、开展职业测评与解读、举办系列讲座及工作坊，为新生提供生涯启蒙教育服务，培养新生科学规划大学生活及未来选择定位。

春季招聘会简历门诊

2. 厚植家国情怀，打造教育品牌效应

以“青松计划”为导向，对接“一带一路”“粤港澳大湾区”“长三角一体化”等重大国家战略，结合学校人才目标与毕业生需求，突出精准匹配与高效对接，提供平台，引导、输送毕业生赴“四重”领域就业，彰显同济人“把论文写在祖国大地上”的特质。一是，主动开拓，稳定校园招聘规模；二是，对接地方，重点做好选调生工作；三是，专项引导，继续探索国际组织实习任职工作。打造“四营一奖”就业工作育人模式，全过程、全方位、分层次引领大学生更高水平的生涯发展和更高质量的就业创业。

其一，以“行·择·济”生涯教育季活动为基础，提升活动品牌影响力，开展“学生生涯教育训练营”，举办职业素养提升讲座和沙龙，打造学生生涯教育主阵地；其二，开发“求职技能提升训练营”，满足不同层次学生职业技能提升需求，开展行业探秘等主题活动，提高学生求职竞争力；其三，首创“扬帆成长营”“国际组织实习训练营”，指导有志于从事党政基层工作和国际组织实习、就业的学生坚定理想信念、了解相关政策、提升求职本领；其四，开设“青松计划”体验营，指导学生走出校园开阔视野，为在校学生提供职业实践锻炼平台；其五，创新“名企高管话生涯”“博士就业大讲堂”“新生生涯体验日”，拓展丰富生涯教育季品牌活动，织密生涯教育“一张网”；其六，开展同济大学“扬帆奖”评选与表彰工作，鼓励引导优秀毕业生赴“四重领域”就业创业。

校党委副书记彭震伟一行赴福州看望学校的福建引进生、选调生

3. 明确责任使命，加强精准生涯指导

针对学生的个性化职业发展需求，选拔校内资深生涯规划师、区人社部门专家、企业人力负责人担任职业咨询师，每学期保持不少于 20 名咨询师值班。2018 年上线同济

大学职业生涯咨询预约平台，实现"咨询师在库—在校生预约——对一咨询—建档与复盘"闭环管理，不断提升个性化指导育人成效。针对学生的简历修改需求，依托各类宣讲会、招聘会开设"简历门诊"专栏，助力学生求职能力提升，每年服务不少于 1 000 人次。针对"未就业毕业生"和"重点就业学生群体"，建立动态就业信息库，充分发挥辅导员—班主任—导师的联动帮扶作用，重点学生包干到人，充分调动个人、校友资源跟进与帮扶，落实学生就业工作"一人一策""一院一账""一类一案"。不断升级"手牵手"职业助力计划，覆盖重点学生不少于 50 人。应对新冠疫情变化，推出"手牵手"抗击疫情专项就业援助计划；针对"离校未就业"毕业生，实施简历直推和小团体辅导，保障就业落实到位，全力做到点对点联系、准确掌握就业动态。

同济大学 2021 年大学生模拟求职校内赛决赛现场

4. 结合育人要求，构建长远发展体系

进行可持续的师资队伍培训体系建设，依托上海市高校毕业生就业创业工作示范基地等项目，整合校内外师资培训资源，加强与国内优秀培训团队合作，主办各类高校就业指导认证培训、主题讲座、行业交流、课程观摩等活动；搭建高校就业工作交流平台，开展学生实践、教师互访、生涯论坛等同业互动；设计校外生涯教育导师聘任制度，选聘知名企业高管、人力资源保障部门专家成为“同济大学生涯教育特聘讲师”，不定期到校开展学生生涯教育活动。

三、经验与思考

2018—2023 年，学校毕业生就业工作成效显著、硕果累累。赴重点领域就业比例、基层就业人数和选调生人数显著上升。学校就业工作经验和典型案例多次被教育部、上海市教委等官网宣传，也被《新闻晨报》《新民晚报》《中国青年报》《科技报》等报纸，东方网、文汇网等新闻网站，上海广播电视台等电视媒体多次专题报道。在 QS 世界大学就业竞争力排名、泰晤士全球大学就业力排名等主流机构排名中，学校一直处于中国高校前 10 位。总结相关育人经验，主要体现在以下几个方面。

1. 响应时代需求，构建便捷高效服务系统

对接大数据和“互联网 +”发展趋势，升级改版同济大学学生就业信息网，完善包括企业数据、学生数据在内的就业数据实时、分层推送与反馈机制，打通学生就业相关数据全链条，基本实现业务办理由线下向线上转移。开通学生就业工作的微博账号、微信公众号，不断运用新媒体传播方式拓展信息推送渠道。

2. 围绕国家战略，构建科学合理引导系统

以服务国家战略需求为导向，着力开展学生就业引导工程，不断开辟和扩宽毕业生到西部、基层、“四重”领域就业的渠道，一对一做好“选调生”、西部基层项目对接和宣介工作；从出台文件、开展教育、荣誉表彰、设立基金、持续关怀等方面，全面鼓励和支持优秀毕业生到祖国最需要的地方建功立业。

3. 适应客体变化，构建多元互动辅导系统

开设“大学生职业生涯规划”等通识教育课程；依托学生生涯发展教育“六化”目标，打造“行·择·济”生涯教育品牌活动，组合课程、咨询、团体辅导、线上课堂等辅导模式，夯实学生生涯发展教育体系。

4. 洞察发展趋势，构建决策咨询反馈系统

建立就业分析平台，依托就业信息化建设基础，形成校院两级就业质量年度报告制度，每年完成自主分析和撰写就业系列报告 5 册，字数累计超过 40 万，为人才培养各环节提供数据支持。

（撰稿人：王凌凌、朱华珍）

挖掘后勤育人资源，打造劳动教育精品课程

——上海同济后勤产业发展有限公司劳动课程工作案例

后勤产业公司

为深化“三全育人”综合改革实践，积极营造以劳育人、以文化人、立德树人的文化氛围，上海同济后勤产业发展有限公司（以下简称后勤产业公司）发挥后勤劳动教育属性，充分挖掘劳动育人资源和后勤岗位育人元素，积极探索“以劳育人”的新思路，创设系列劳动课程，打造“济食育人、济行育人、济勤育人、济景育人”四大服务育人品牌，旨在帮助学生培养劳动技能，养成劳动习惯，树立正确的劳动价值观念，在劳动实践中“学一技之长、享劳动之乐、品生活之美”。

一、问题针对

高校对学生的日常学习、生活及人格培养具有重要影响。特别是对于大一新生来说，很多是第一次离开家庭、离开父母，他们缺乏实践知识和劳动锻炼，最迫切需要的

是尽快适应集体生活，培养独立劳动的能力。面对有限的空间和时间，如何培养学生热爱劳动、尊重劳动的观念，打造良好的生活学习环境，提升个人的生活品质，往往成为大学生亟待解决的问题。

此外，一方面，高校学生存在不珍惜劳动成果、轻视体力劳动者、不想劳动、不会劳动的现象；另一方面，高校劳动课程的建设现状与时代新人的培养要求存在差距。劳动课程的保障机制、协同机制与长效机制等制度管理要素建设也极不完善。

二、主要做法

为破解以上问题，后勤产业公司依托“三全育人”综合改革试点建设工作，大力提升后勤育人功能，从劳动课程入手，着力将第一课堂与第二课堂高度融合，以期帮助学生形成懂生活、会生活、爱生活的健康生活方式。具体做法如下。

1. 构建劳动育人长效机制

后勤产业公司专门成立了“三全育人”工作领导小组，由后勤产业公司党委和行政领导班子组成，全面负责后勤育人专项工作，组长由分管“三全育人”工作的党委副书记兼任。领导小组下设办公室和宣传小组，办公室对接社区、餐饮、物业、会务等各相关部门专项工作负责人开展工作；宣传小组则以招募部分学生代表担任宣传员的形式，让学生参与后勤“三全育人”、劳动课程建设、服务育人等工作，自上而下构建了层层有目标、人人有责任、级级有任务、事事有落实的组织保障体系和常态化工作机制，使劳动育人各项工作要求“落地有声、抓铁有痕”。

2. 聚焦主题，科学设计劳动课程

遵循“生活即教育”理念，在学校的统一部署下，后勤产业公司深刻领会文件精神，从理论知识教学和实践教学两个维度实施劳动课程教育，以提升学生的食品制作、宿舍收纳整理和园艺栽培三方面基本生活技能。济食育人——“上海老克勒点心”烹饪

制作课程、“二十四节气”手作系列劳动课程：体验烹饪制作，品味文化大餐；济行育人——宿舍物品收纳劳动课程：塑造优良品德，养成良好习惯；济勤育人——“护绿小卫士”校园环境巡查劳育课程、“厨房小帮手”课程：学习劳动技能，增强劳动能力，体检劳动者的艰辛；济景育人——邂逅“小鲜肉”多肉盆栽课程：塑造品质美景，提升文化品位。以上四大品牌劳动课程设置，能够帮助学生养成乐观向上、热爱生活的劳动情怀，从而达到以劳树德、以劳增智、以劳强技、以劳育美的育人成效。

“上海老克勒点心”烹饪制作课程

宿舍物品收纳劳动课程

“护绿小卫士”环境巡查劳育课程

邂逅“小鲜肉”多肉盆栽劳育课程

3. 强化功能，劳动课程常态化

后勤产业公司在不同校区分别开展劳动课程，以期课程常态化、全覆盖。教师以中点培训师、西点培训师、收纳培训师为主、盆栽园艺师，配备 1 ～ 2 名助教老师，依托学生食堂、“同济那碗面”实践育人基地、学生社区党建室、多功能活动室、会议室等空间，2022 年 9 月至 11 月，开设 10 门课程，共 26 节课，把不同年级、不同学院、不同专业的学生聚集在一起，通过开设生动有趣的情境教学式劳动课堂，有效激发了学生的劳动兴趣，提升了学生的审美情趣和生活技巧，培养了学生的劳动精神，在学生心灵中播下了尊重劳动、崇尚劳动的种子。

4. 延展探究，实践与训练相结合的新形式

后勤产业公司转变传统“讲授式”的课堂形式，以学生普遍的、迫切的问题为导

向，积极探求答案和获取解决的方法。点心制作、整理收纳、垃圾分类等与生活息息相关的劳动技能，需要通过课内外的练习、实践、训练，且必须是反复的实践才能得以巩固、丰富和完善。因此，课程深入浅出，从科学原理出发，让学生在课堂上动手，了解点心制作、宿舍整理、多肉盆栽制作的一些细节问题，让学生对劳育美育有全新听觉、视觉、触觉认识。

三、经验与思考

“让美好发生”系列劳动课程紧扣当下热点，围绕新时代大学生劳动教育的目标、内容、形式、载体等展开研究和探索，通过开设烹饪、物品收纳、园艺盆栽等学生喜闻乐见的通识系列公开课程，形成了具有同济特色和时代特征的劳动教育课程方案。

1. 可形成一套可复制、可借鉴的劳动课程方案，提升劳动教育的实效性

利用后勤自身优势，借助情境教学法理论创建一系列适合学生特点的可复制、可供借鉴劳动课程，并制定课程标准和教学大纲，通过系列劳动课程全面提高学生的劳动素养，强化劳动教育的育人功能。

2. 可帮助大学生掌握劳动技能，具备适应社会生活的能力

高校是大学生进入职场的“最后一公里”，系统科学的劳动教育可帮助大学生掌握生存生活技能，树立正确的劳动观念，养成良好习惯，形成适应社会生活的能力。

3. 情境构建，坚持问题导向，构建优质服务体系

首先，基于情境教学法理论构建高校学生生活技能培训及劳动课程体系，增强教育效果；其次，坚持问题导向，构建优质服务体系，不断提升后勤优质服务能力，正向增强育人成效；最后，进行归纳与分析，使之系统化、理论化，并将其完善升级，形成经典案例予以推广。

后勤产业公司多措并举展开劳动课堂，以大学生的日常生活需要为切入点，引导学生便捷、有条不紊地生活和学习，继而培养正确的劳动观，促进学生生活素养与良好品德的形成，对学生产生深远的影响。浸润弘扬劳动精神，后勤产业公司进一步深化“三全育人”工作的内涵与实践，以知促行提升学生劳动能力，进一步推进“三全育人”综合改革走深走实。

（撰稿人：陶建兰、陈芳、韩海韬、宋婧、冯思宇）

“满天星济划”

——同济大学人文学院深入探索实践育人功能

人文学院

为纵深推进“三全育人”建设工作，推动学院全面提高人才培养能力，人文学院紧紧围绕立德树人根本任务，充分发挥中国特色社会主义教育的育人优势，以理想信念教育为核心，以社会主义核心价值观为引领，把思想政治工作贯穿教育教学全过程，把思想价值引领贯穿教育教学全过程和各环节，回应新时代学生的新特点、新需求，在广泛深入调研的基础上，结合中国国情，融入专业特色，发起“满天星济划”，以实践回应时代呼唤，致力于培养新时代大学生的使命感与责任感，为培养德智体美劳全面发展的社会主义建设者和接班人贡献力量。

一、问题针对

失依儿童又称事实无人抚养儿童，全国约有 50 万名失依儿童，其中，在安徽省阜南县登记在册的有 3 500 多人。“满天星济划”旨在长期关注、帮扶失依儿童身心健康成长，采用精准遴选需要救助的扶贫对象，优化整合扶贫资源，授人以“渔”、扶贫先扶志的“三位一体”模式，着力打造“关爱、扶助、保护失依儿童”的学生团员参与社会扶助工作的新格局，保障失依儿童健康快乐成长。

二、主要做法

为破解以上问题，在同济大学人文学院团委的统一部署下，“满天星济划”实践团的学生多次前往安徽省阜南县王家坝镇开展双失儿童心理关怀实践活动。在阜南县人民政府的关注与支持下，当地失依儿童的生活已经得到了较大改善，物质生活也有了一定的保障。但种种生活学习上的困难仍会对失依儿童的心理健康与个性发展造成障碍，在当地失依群体中，依旧存在着各种行为和心理问题，甚至可能诱发犯罪行为。在人文学院心理学专家教师的指导下，“满天星济划”实践团立志于扶贫先扶志，关注失依儿童的心理健康，发挥专业优势，为当地儿童提供帮助。具体实践内容如下。

1. 深入走访调研，建立失依儿童心理档案

团队实地调研访问多户双失儿童家庭，利用儿童心理量表对当地留守儿童的心理状况进行测量与分析，并针对王家坝中心学校的学生开展心理团体活动、趣味课堂等丰富多彩的夏令营活动。此次“满天星济划”工作团队关注与走访的儿童，大都经历了重大的童年变故，出于各种原因在幼年时期失去双亲，跟随新的养育人共同生活。工作团队记录各个家庭的组成与背景信息的同时，在短暂的访谈中尽可能知晓儿童与家人的相处状态与互动模式。工作团队力求对走访的儿童建立长期的关注，在访谈过程中尽可能详细地记录受访家庭与儿童的信息，为每个儿童建立单独的档案，录入数据库长期保存。在每次访谈之后，工作团队尽可能地添加了每一个受访儿童个人的联系方式，方便后续的长期关注与心理帮扶。此外，“满天星济划”持续时间长，回访制度较为完善，还对重点关注对象实行每年回访。

“满天星济划”团队启动“梦想教室”夏令营活动

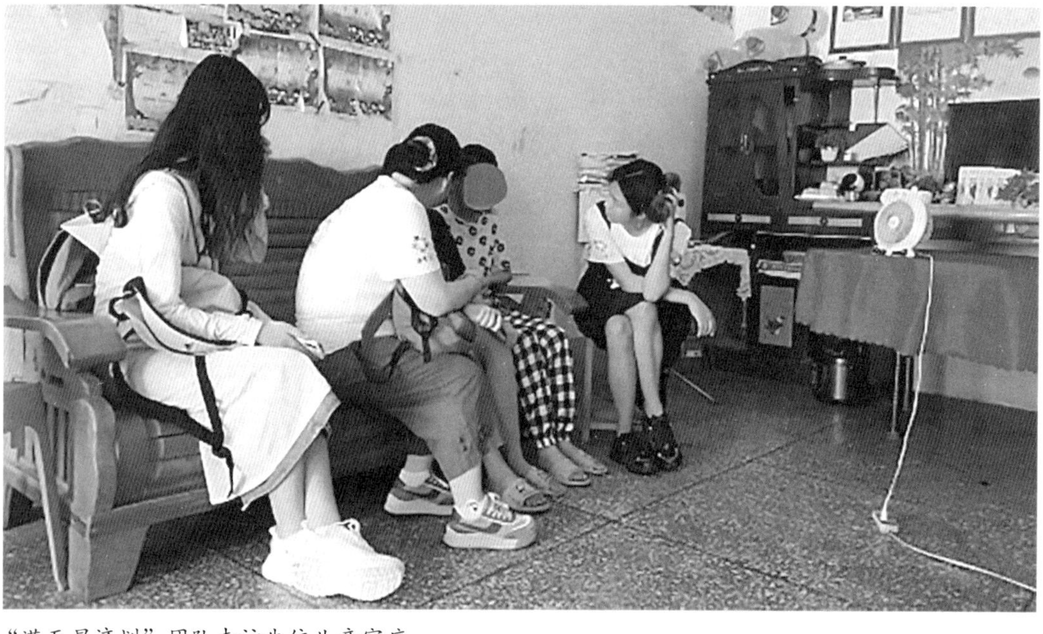

“满天星济划”团队走访失依儿童家庭

2. 开展专题讲座，呼吁关注儿童心理健康

在深入调研的基础上，“满天星济划”团队还在当地开展了儿童心理健康知识相关讲座，由团队中的心理学专家为当地妇联工作人员、中小学教师、心理工作站的工作人员等进行儿童心理学知识普及教育。在整理调研的基础上，团队结合当地儿童实际存在的心理健康问题，与阜南县妇联主席、阜南县中小学心理教师代表开展了“阜南县关爱双失儿童工作座谈会”，呼吁更多人关注心理问题，壮大心理咨询师团队，改变对心理问题及病人、医师“不理解”“不支持”的刻板印象及偏见。

开展阜南县关爱双失儿童工作座谈会

3. 建立帮扶体制，推动“满天星济划”可持续化发展

为了推动整体项目的长期化、可持续化，为更多有需要的儿童提供帮助，“满天星济划”团队辅助当地建立帮扶体系，由实践指导教师策划牵头，发起并建立了满天星基金会。截至 2022 年 5 月，基金会已募集到 200 多万元社会捐款，用于当地儿童走出阜南，并支持其走进同济、开展相关游学活动。团队还建立了系统的支持体系，为失依儿童、当地教师和工作人员提供线上线下全方位帮扶，提供完善的课程体系，推动帮扶工

作长期化；通过信息系统和大数据，使帮扶更便捷、更具针对性。在长期调研和帮扶之下，阜南县对失依儿童的关注走在全国最前列，直接和间接地推动了国家失依儿童关爱帮扶相关政策的出台与完善。

“满天星济划”团队志愿者与儿童合影

三、经验与思考

习近平总书记指出：“学到的东西，不能停留在书本上，不能只装在脑袋里，而应该落实到行动上，做到知行合一、以知促行、以行求知，正所谓‘知者行之始，行者知之成’。”“满天星济划”建立的初心是希望每名志愿者都能像夜空中一缕星光，为祖国各地需要帮助的儿童带去微光，照亮他们也照亮自己，以此传递温暖和关爱。

截至 2022 年 9 月，共有 178 名大学生参与了“满天星济划”项目，完成了多项关于失依儿童的报告，切实为阜南县失依儿童群体提供了帮助。项目不仅得到当地政府与人民的广泛认可，也被人民网、凤凰网等多家媒体广泛报道。项目志愿者聚焦社会目光，关注弱势群体，传递关爱与温暖，肩负起新时代大学生的使命与担当，立志让微光遍及大地，在守望中共同成长！

（撰稿人：刘涛、路杨）

第四章

用优秀的人培养更优秀的人

教育大计，教师为本。同济大学深入贯彻党的二十大精神，坚持教师是教育高质量发展的第一资源，是科技自立自强的关键支撑，是人才队伍建设的重要保障，全力打造新时代高质量教师队伍，激活教师的育人力量，用优秀的人培养更优秀的人。学校注重培育良好师德师风，在教职工招聘录用、年度考核、聘期考核、岗位聘任及调整、专业技术职务评聘及续聘、各类评奖评优中将思想政治和师德师风摆在教师考核的首要位置，以党支部、教学基层组织建设为突破口，以课程思政为主要阵地，强化育人意识，找准育人角度，提升育人能力，确保思想政治教育与专业教育协同提升、见功见效。牢牢把握第一课堂、第二课堂的教学环节，落实本研导师、驻楼导师工作职责，充分发掘导师在“本一硕一博”各个学生成长阶段，在教学、科研、党建、群团、社区、实践等各方面的育人元素和育人逻辑，构建一体化导师育人工作提升和教师培养体系；持续优化全员参与、加强资源支撑，打造育人队伍建设“同心圆”，联通育人力量，完善全员育人工作格局。学校不断加大对“教书育人”的激励力度，建设同济大学教师荣誉体系，印发《同济大学关于加强新时代教师队伍思想政治和师德师风建设的实施意见》，为学校“三全育人”综合改革打造一支育人“强师”队伍，充分发挥专业教师在学生群体中的“引领力”“权威性”和“话语权”，切实起到正向引领作用。

“三位一体”赋新能，多措并举铸强师

——同济大学全面建设教师育人能力提升中心

党委教师工作部

百年大计，教育为本；教育大计，教师为本。教师是教育发展的第一资源，是国家富强、民族振兴、人民幸福的重要基石。党的十八大以来，以习近平同志为核心的党中央将教师队伍建设摆在突出位置，作出一系列重大决策部署，为新时代教师队伍建设提供了根本遵循。教师教育是高等学校提升教育质量，落实立德树人根本任务，推动一流大学建设的根本保障。

同济大学坚持以习近平新时代中国特色社会主义思想为指导，认真贯彻落实党的十九大和二十大精神，扎实推进全国高校思想政治工作会议和全国教育大会精神落实，以立德树人为根本，以提升教师教育质量为核心，以加强教师发展体系建设为支撑，加强教师综合素质和育人能力系统培训，将教师育人能力的培养和提升摆在重要位置，强化全员育人意识，落实全员育人责任，为学校“三全育人”综合改革打造一支政治素质过硬、业务能力精湛、育人水平高超的高素质专业化创新型教师队伍。

一、问题针对

育人者必先育己，立人者方能立人。教师是教育发展的第一资源，是人才培养的关键力量。面对“三全育人”对教师提出的新要求、新挑战，同济大学在全面提升教师专业素质和能力、增强教育智慧、提高育人本领等方面还存在以下几个问题和不足：教师思政工作协同机制有待进一步强化，教师培训机制建设有待进一步加强，进一步推进分类培训落细落实、全员育人责任有待落地见效等，引导教师潜心教书育人，提升教育教学质量，成为塑造学生品格、品行、品位的“大先生”。

二、主要做法

1. 构建组织协作机制，以统筹的视角构建教师发展责任体系

学校党委一直秉持“人才是第一资源”“教师发展是学校建设的基石”观念，2017 年 3 月，学校成立党委教师工作部，统筹开展教师思想政治和师德师风教育。2019 年，学校党委综合考量，进一步夯实教师工作的落脚点，促进教师工作部工作有载体、有平台、有抓手，将教师发展中心并入教师工作部，丰富了教师工作部的工作内涵，形成了教师思政教育、师德师风建设、教师培训发展“三位一体”的工作模式。在此基础上，强化学院工作主体，构建“学校党委、院系分党委和基层支部”三级工作责任体系，推动校院二级教师发展中心建设，构建培训结果与绩效、年度考核挂钩的联动机制，促进学校、院系、个人三方责任的有效落实，促进教师个人成长与学校事业发展同频共振。教师工作部发挥统筹协调作用，牵头制定教师培训计划、统筹安排培训经费，与人事处、本科生院、科研管理部、研究生院等职能部门及二级学院分工协作，根据新教师、青年教师、骨干教师、研究生导师、高层次人才、专职辅导员等不同教师层次及不同岗位类别，开展分层分类教师培训，在提升教师共性职业能力的同时，兼顾专业性与特异性。

2. 打造全方位培育框架，以多维的视角构建教师育人能力体系

同济大学确立“教学科研能力提升”“政治文化素养提高”“学科交叉专业交流”“人文关怀心理辅导”“国际合作视野拓展”五项并举的培训构架。首先，学校注重坚持教师以德为先，在各项教师培养工作中，突出师德，把提高教师思想政治素质和职业道德水平摆在新时代教师发展的首要位置，并贯穿教师培育全过程。将政治思想引领及师德师风教育等课程设置为新教师必修课，校领导讲校情校史，院士专家讲为师之道，职能部处讲管理服务，同时在各级教师培训中开设课程思政建设课程；2018—2020 年，教师工作部组织开展 2 轮次师德师风全员网络培训，完成率达 99.47%。其次，坚持政治理论学习常态化，加强教师思想政治理论武装。持续推进完善周二下午教职工政治理论学习制度，将参加政治理论学习情况纳入教职工考核体系；每月下发《教职工政治理论学习指导意见》，推动二级单位联合学习机制，定期开展周二下午集中学习情况督查，引导广大教师学懂弄通，入脑入心，提高学习实效。最后，在业务培训方面，以教师教学能力培养为核心，促进教师积极掌握先进教学技术、创新教学理念与教学方法，2020—2023 年开展教育心理学专项培训、专任教师教育教学能力提升专项培训及教师工作坊 20 多期，以教育教学高质量提升带动育人能力提升；定期开展“管理人员能力提升培训”“学院行政管理人员工作实务培训”“教辅人员能力培训”，提升教学支撑队伍专业化管理水平。

2022 年教育教学能力专项培训

教师工作坊活动

3. 创新特色品牌项目，以需求的视角构建教师发展实效体系

2018—2023 年，教师工作部以学校发展和教师需求为导向，深入挖掘教师自身需求和内在诉求，以激发教师主观动力为出发点、以促进学科交流为侧重点、以激发教师社会服务为落脚点、以“互联网 +”技术手段为创新点，创新设计各类教师发展项目，推动教师发展工作取得实效。持之以恒组织开展“教师午间沙龙”，促进不同学科、学院教师交流学习，同侪互助，截至 2022 年 12 月，沙龙已开展 130 期，近万人次参加；组织开展“学院开放日”项目，侧重加强学院层面的交流合作，搭建学院间展示科研特色、前沿工作的平台，促进教师开展协同合作、学科交叉。新教师“1+1+N”分层分类岗前培训、三年内青年教师培训计划、“名师面对面”新老教师传帮带项目，等等，为教师的可持续发展提供支持。把教师社会实践活动作为教师培育和思想塑造的重要抓手，重视并推动、组织广大教师积极参与。组织新进教师参加国情教育实践活动，组织青年骨干教师、海归教师、高层次人才等赴延安、井冈山、古田会议会址、贵州遵义等地参与教育学习；设立暑期“师生同行”项目，鼓励教师带领学生通过参观学习、社会调查、志愿服务、科技推广等形式开展社会实践活动，2020 年，共 33 支队伍近 400 名师生参加，在实践中践行“与祖国同行、以科教济世”的同济精神。持续开展大规模教师问卷调查，了解教师需求和诉求。

教师沙龙活动

2022 年新进教师岗前培训

三、经验与思考

“与祖国同行，以科教济世”是同济大学百余年发展的优秀传统，也是一代代同济人家国情怀的宏大概括。广大教师以高度的使命感和责任感，心怀“国之大者”，坚定不移融入和服务国家战略，将个人发展与国家命运紧紧联系在一起，“把论文写在祖国大地上”。同济大学立足教师职业的可持续发展，重视教师的发展环境与发展过程，着力于教师综合素养的培育，构建多维度的教师培育体系，将教师的专业知识、人文素养综合转化为育人能力。

2018—2023 年，同济大学涌现出一批在教学科研和管理岗位上默默耕耘、成绩显著的先进典型，在广大教师中产生了积极而深远的影响：2018 年，郑时龄院士获评“上海市教育功臣”、李国强教授团队入选首批“全国高校黄大年式教师团队”；2019 年，郑时龄院士获评“全国最美教师”、李睿老师获评“最美高校辅导员”、常青院士获评“全国优秀教师”，航天测绘遥感与深空探测研究团队获评“全国教育系统先进集体”；2020 年，吕西林院士获评上海市“四有”好老师（教书育人楷模）；2021 年，汪品先院士获评全国道德模范；2022 年，高绍荣教授带领的同济大学干细胞生物学教师团队入选第二批“全国高校黄大年式教师团队”、蒴知滑教授获评上海市“四有”好教师（教书育人楷模）。

2019 年全国最美教师：郑时龄

2020 年上海市“四有”好教师：吕西林

2021 年全国道德模范：汪品先

2022 年第二批“全国高校黄大年式教师团队”：李国强教授团队

教师育人能力提升中心的建设是一项系统工程，未来学校将进一步引导广大教师坚定理想信念，不断提升教书育人本领，传承涵养家国情怀。一是进一步完善工作协同机制，坚持党管人才的基本原则，进一步明确学校教师发展的管理构架体系、责任分工体系、决策研判体系和工作运行体系，强化统筹协调推进，加强教师政治引领、价值引领、文化引领；二是进一步创建特色工作模式，持续以“同心筑梦”“同行致远”“育才济人”“奉献济世”四个工程为抓手，持续加强师德师风建设，压实师德师风校院两级责任制，形成教师思政和师德师风建设工作纵横融合，将师德师风考核摆在教师评价的首要位置，引导教师敬业立学、崇德尚美；三是进一步丰富拓展工作内涵，不断完善创新培训方式与内容，进一步搭建学院、学科交流平台，丰富“同侪论坛”“教师午间沙龙”“教学工作坊”等内容，促进教师的可持续发展，引导教师将立德树人融入渗透教育教学全过程，学习先进的教学理念和教学方法，激励广大教师立足本职，不忘立德树人初心，牢记为党育人、为国育才使命，着力培养德智体美劳全面发展的社会主义建设者和接班人。

（撰稿人：鞠明晖、郑沁露）

强化育人合力，构建学生社区协同育人长效机制

党委学生工作部、研究生工作部

高校学生社区是重要的育人阵地，关键在于以制度化协调各种育人力量，着眼于立德树人根本任务形成育人共同体，把校院领导力量、管理力量、服务力量、思政力量等压到教育管理服务学生一线，驱动育人力量形成合力、社区功能多维拓展，增强学生社区工作的吸引力、感染力、亲和力，从而构建与高质量人才培养体系相适应的学生社区育人体系。

一、问题针对

同济大学自2018年入选“三全育人”综合改革试点高校以来，遵循“从点到面、从试点到示范、从协同到集成”的改革思路，实现所有职能部门、所有学院全覆盖参与试点工作。根据“十大育人”体系，学校调动校内外育人资源，结合同济育人优势，以“八大行动计划”全面落实改革举措，以全面推进为基础，创新平台载体，重点培育育人品牌，实现育人突破。

在纵深推进“三全育人”综合改革试点工作的过程中，学校为全面提升人才培养水

平，一直致力于将育人力量和育人资源有机融入学生日常学习生活第一线。在具体探索中，学校将学生社区作为重要育人阵地，探索将思想政治教育元素融入学生社区空间的有效做法，以社区空间为支撑，为学生成长搭建“润物细无声”的个性化成长服务空间，实现高校思想政治工作精准回应学生期待、有效引领学生成长的育人目标。为此，学校加强顶层设计，多部门联合研制学生社区驻楼导师工作站建设方案，并从 2019 年开始在学生社区全面推行驻楼导师工作站建设工作，将学科、课堂、教师、朋辈等育人资源配备到学生身边，因材施教、深耕细作，打造围绕在学生身边的全方位、立体式、浸润式的育人时空。

二、主要做法

1. 做好主体加法，凝聚全员育人力量

聚焦打造育人共同体，把最优质的教育资源配置到学生身边，“用优秀的人培养更优秀的人”。校院领导班子成员带头进入学生社区，深入一线联系学生，优先选派著名专家教授、知名学者或学科带头人、骨干教师进驻，有针对性地为学生提供思想引导、学业发展、科研训练、项目实践等辅导，充分发挥驻楼导师的“引领力”；辅导员入驻社区，发挥统筹协调的重要作用；社区管理服务人员做好学生日常管理工作；选聘学生社区辅导员参与社区工作，加强学生自我教育；邀请杰出校友和先进人物参与社区育人，帮助学生开阔视野。

2. 做好内容加法，优化全面育人供给

聚焦大学生德智体美劳全面发展，将校内外优质教育教学资源转化成学生身边触手可及的教育资源，重点打造“四个一”驻楼活动。一次思政教育“社区讲堂”，将育人元素融入社区讲堂，在工作站内传播和讲授不同学科知识，拓宽学生视野、促进学科交叉融合；一次专业认知的“学术沙龙”，围绕专业概况、学科前沿知识、学科发展走向等内容，帮助学生加强专业认知和认同，激发学生的学科兴趣和发展潜力；一次近距

离把脉的“成长问诊”，驻楼导师利用其丰富的人生阅历和人生经验，问诊学生成长过程中的问题与困惑，为学生答疑解惑，并引导他们形成正确的人生观、世界观和价值观；一次贴近生活的“师生对话”，通过深入宿舍走访、与学生共进晚餐、谈心谈话等活动形式，与学生面对面交流，深入了解学生学习生活中的实际问题，并为其提供指导建议。

3. 做好制度加法，建立协同育人机制

聚焦建设长效机制，完善驻楼导师工作站运行模式。驻楼导师工作站以“责任到楼、片区协作、导师轮转、学科交叉”的模式设置，33 个学院负责驻楼导师工作站建设，每个工作站由楼宇牵头学院与共同建设学院负责，共同选派 10 名驻楼导师，每名导师驻楼一周，驻楼导师简介及相关活动安排提前面向学生公布；将各个校区总共分为八大片区，每个片区由片区牵头学院统筹，形成驻楼导师轮转机制。

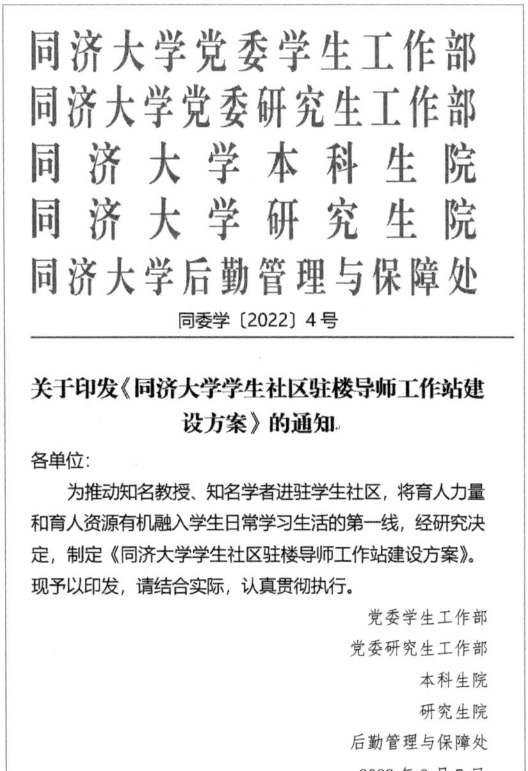
同济大学党委学生工作部
同济大学党委研究生工作部
同济大学本科生院
同济大学研究生院
同济大学后勤管理与保障处

同委学〔2022〕4号

关于印发《同济大学学生社区驻楼导师工作站建设方案》的通知

各单位：

为推动知名教授、知名学者进驻学生社区，将育人力量和育人资源有机融入学生日常学习生活的第一线，经研究决定，制定《同济大学学生社区驻楼导师工作站建设方案》。现予以印发，请结合实际，认真贯彻执行。

党委学生工作部
党委研究生工作部
本科生院
研究生院
后勤管理与保障处
2022 年 3 月 7 日

《同济大学学生社区驻楼导师工作站建设方案》

三、经验与思考

2021 年，学校入选教育部“一站式”学生社区综合管理模式建设试点高校，并被中央广播电视总台《新闻联播》报道。“学生社区综合育人平台建设”入选教育部思想政治教育精品项目，《同济大学创新提升学生社区育人功能》工作简报被教育部专题报道。在工作探索过程中，长效化激发工作站的育人活力，要在完善运行机制上下功夫，为提升社区思政育人质量构建有效的保障机制。

中华人民共和国教育部
Ministry of Education of the People's Republic of China
Languages 微言教育 无障碍浏览 登录 | 注册
当前位置：首页 > 新闻

同济大学创新提升学生社区育人功能

2020-10-21 来源：同济大学 收藏

同济大学深入学习贯彻习近平总书记在全国教育大会上的重要讲话精神，推动“一站式”学生社区建设，将“五育”元素融入学生日常生活，提升社区育人功能，着力推进“三全育人”。

延展学生社区育人空间。创新学生社区功能定位，从单纯的休息场所转变为学生与学生、学生与学校间相互影响、相互熏陶，传递价值理念、知识与信息的重要场所，充分发挥社区在思想政治引领、社会主义核心价值观培育、行为规范养成等方面的功能。构建“管理+服务+环境”育人模式，将公共活动空间改造为环境舒适、贴近学生需求、促进跨学科交流的“学生社区微沙龙”，融入党建教育、价值引领、学业帮扶、学科交流、党团活动等不同主题。优化社区功能设置，实现党团活动室、传统文化工作室、自习室、健身房等合理分布并与驻楼导师工作站相融合。完善宿舍软硬件设施，满足学生多元需求，积极帮助解决学生学习生活中的实际困难。

营造浸润育人环境。选取部分宿舍楼作为试点，将整层空间进行整合及改造，在集中打造系列功能房间的基础上，将“五育”元素融入其中，以润物无声的“浸润式”方式强化思想政治教育。推进党团工作进社区，以党建活动室为依托，开展社会主义核心价值观、新生适应、心理健康、职业发展等主题教育。推进学风建设进社区，以学业研讨室、自习室、阅读室为依托，开展读书活动、经验交流、朋辈讲堂等，引导学生养成良好学风。

《同济大学创新提升学生社区育人功能》工作简报被教育部专题报道

1. 完善协同育人机制

形成学校党委统一领导、党政齐抓共管、各部门协同联动的工作机制。各部门相互衔接，分工协作，共同打造学生社区驻楼导师工作站，建立“学校—职能部门—学院”协同联动的建设进路。

2. 完善资源配置机制

以资源整合、优化管理、加强育人为导向，丰富工作站功能，将各育人体系整合下沉到学生社区，打造围绕在学生身边的全方位、立体式、浸润式的育人时空。如依托社区的学院分布，将课程思政元素引入社区，探索“课程思政”和“社区思政”的加法。

3. 完善制度保障机制

明确将工作站专项管理纳入学校教育体系，加大经费投入，修订完善学校层面管理规范和细则，配套出台学院层面的相关制度，明确规定不同学生育人队伍的岗位职责。

（撰稿人：张燕）

新生院协同育人工作路径的探索与实践

新生院

同济大学于2019年成立新生院，实施本科大类招生、大类培养和大类管理模式，构建了本科生入校后第一年在新生院以接受通识教育为主，后三年进入专业学院以接受专业教育为主的培养体系。新生院自成立以来，坚持以“促进学生发展”为中心，以“德智体美劳”培养模块为重要内容，将“树立远大目标、适应大学生活、促进全面发展、明晰专业选择”作为着力点，立志培养德才兼备，具有家国情怀的时代新人。

新生院设有同心、同德、同舟、同和、济人、济世、济勤和济美八大学堂及教学事务和学生教育两大中心。新生院通过联动专业学院及各职能部门，挖掘校外育人资源，把握育人的关键场域和载体，逐渐探索出协同育人新路径。

一、问题针对

学生在新生院的这一年是新生入学后的重要过渡时期。新生适应阶段是大学生活中非常重要的一个阶段，它不仅是新生适应校园生活的阶段，也是新生对自己的定位和未来发展方向的初步探索阶段，期间学生面临环境适应、综合能力提升、主修专业确认、发展定位明确等众多问题，这个过程中，发挥“三全育人”的作用，落实立德树人根本任务，需要体制机制上的保障。建院以来，新生院充分发挥各方协同育人力量及资源，切实将育人工作做实做细。

二、主要做法

新生院持续推进“三全育人”综合改革示范区的建设工作，联动校内各学院和部门，做强协同育人共同体。深化校企联动机制，坚持校内和校外双向发力。为丰富第二课堂形式，不断拓宽校园育人的场域。同时切实发挥网络育人功能，线上线下相结合，构建多方位协同育人体系，主要做法如下。

1. 协同校内院系部门，构建多元育人模式

（1）与专业学院构建联动机制，整合教育资源

各学堂与专业学院搭建常态化协同育人平台，形成定期召开联席会议、年度学堂见面会和开展调研的制度，凝聚育人合力。同心学堂、济人学堂联动相关专业学院举办院长论坛，同舟学堂联动马克思主义学院开展爱国主义教育系列主题讲座。专业学院发挥学科优势，携手建设大类导论课。邀请各学科的学者、大家走进课堂，让学生了解科技和学术前沿。携手专业大咖举办教学拓展活动，根据不同大类的特点与需求，将学科优势转化为育人资源。

新生院各学堂与专业学院举行联席会议

（2）与后勤集团、校史馆、图书馆、体育教学部、保卫处、学生处等职能部门对接，不断拓宽育人平台

联动学生处、校医院等部门拓展劳动教育岗位，组织多场劳动教育实践活动。联动社区管理中心，形成定期集中联合检查的工作模式。联动学校心理咨询中心，开展全覆盖心理普测，建设常态化心理委员队伍，建立朋辈关爱网络。联动校史馆，以班级和团支部为单位全覆盖开展校史校情教育和爱校荣校教育。

2. 协同校外重点单位，丰富育人载体

（1）新生院先后与中建、中交、中国商飞等重点单位开展协同育人实践探索

以党建共建为基础，新生院各党支部通过与专业大类相关行业单位联动，开展工程师进课堂、搭建学生实验基地等工作。各学堂结合大类方向组织学生有针对性地参访企业，提升学生对于专业、职业和行业的认知。例如：济勤学堂组织新生赴华为、腾讯、上海信息生活体验馆等地参观；济美学堂组织新生赴汽车博物馆、风洞实验室等地实践观摩。

新生院各党支部赴企业调研

（2）联动专业机构资源提升育人能力

各党支部结合实际情况拓展红色教育资源和实践资源。例如：新生院第二党支部与龙华烈士纪念馆探索合作共建；新生院第五党支部与国歌纪念馆签署合作协议，共建大学生志愿服务实践基地；同舟学堂联动中国社会主义青年团中央机关旧址纪念馆开展红色主题教育现场教学，让学生从视觉认同转化为情感认同；新生院第七党支部赴上海城市空间艺术季主展馆片区开展志愿服务工作。新生院联动高顿教育集团，携手打造“小马生涯工作室”。

3. 协同各类场域，营造良好育人环境

（1）以五育培养及评价方案为依托，协同第二课堂助力学生综合能力提升

牵头组织各项体育赛事，促使学生享受运动。打造美育实践平台，提供各类晚会和达人秀展示舞台。成立劳动教育专项小组，向新生发布社区服务、校史宣讲、图书整理、寝室美化等多类劳动实践岗位，培养学生的奉献精神。

学生参与第二课堂活动

（2）注重学习能力提升，多维度开展学业帮扶

入学初，学院为每个学生配备一名新生导师，学生通过与导师定期交流，更快了解专业，明确专业方向。举办“时间管理”21天好习惯养成营活动，帮助学生养成良好的学习习惯。各学堂结合期中考试等节点排摸学科补习需求，组织多种形式的学业帮扶活动。

（3）将学生社区打造为知识传播和价值引领有效融合的浸润空间，在新生住宿集中的学生社区开展社区育人活动

西北五楼开展“科学家精神进楼宇”主题宣讲比赛，让思政工作深入一线，建设“先锋社区”；西南八楼搭建楼宇自治系统化朋辈辅导教育平台，推行课程进社区，拓宽学生学习途径，建设“学习社区”；学五楼策划以二十四节气为主题的传统文化体验活动，丰富校园人文氛围，建设“文化社区”。

4. 协同线上线下，织密完整育人网络

（1）注重线上线下呼应融合，构建育人新媒体矩阵

组建充满活力的新媒体团队，制作原创视频和主题慕课，创建多样化的微信公众号，打造优质的网络品牌，组织线上线下结合的活动，形成优势互补的教育合力，推行线上线下无缝对接的协同育人模式。

新生院及各学堂新媒体育人平台

（2）注重网络育人内容建设

学院及学堂多项工作获得校内其他媒体平台报道。契合“共抗新冠疫情”的主题，

学院和学堂通过微信公众号平台，大力弘扬爱国主义精神，开展伟大抗疫精神宣传教育工作。结合疫情防控，讲述战“疫”一线的感人故事，其中《疫情期间学三学四楼的运行日常与防疫模式》等推文获“支部书济”微信公众号专题报道。

（3）注重在线教育节点把握

紧抓关键时刻输出优质原创作品。在学生被录取后，学院和各学堂微信公众号发布入学报到注意事项等信息，帮助新生了解并熟悉大学生活。新生入学初期，学院及学堂通过举办全覆盖的线上线下的适应性主题教育，帮助新生顺利度过适应期。此外，将优秀学生分享会、专题党课、主题党日等主题教育工作持续贯穿于一学年的育人过程。

三、经验与思考

1. 完善“新生院一专业学院”联动机制的运转

各学堂与专业学院已形成定期联席会议和调研制度，但仍存在个别专业学院联动力度不连续的现象。今后应持续发挥专业学院学科优势，将学科资源和学术资源转换为育人资源，加强与专业学院联动力度。增强协同育人理念共识、明确协同育人职责、厘清协同育人内容、制定协同育人工作清单、优化协同育人载体，不断提升协同育人质量。

2. 持续凝聚各方育人合力

新生院的人才培养离不开校内各职能部门的配合与协作。因此要持续加强校内合作，建立协同各方要素的长效机制，形成整体联动。可加强与其他高校的交流合作，形成线上线下联动，扩大品牌活动的影响力，同时实现优势互补和资源共享，拓展育人资源，提升育人效能。

3. 丰富活动形式，增强第二课堂吸引力

新生院从了解学生需求出发，组织了内容丰富多彩的活动。作为素质教育的载体，第二课堂的活动方式没有严格时空限制。新生院将进一步深入开展调研，及时了解学生

反馈和需求，结合育人理念，举办适应时代发展需要的特色活动，调动学生积极性，从而全面提升第二课堂的育人实效。

4. 创新网络思政育人新路径

新生院利用互联网载体，牢牢掌握意识形态网络阵地，创新传播手段，提升网络育人的传播力、影响力，专兼辅导员作为“网络思政代言人”，构建网络育人朋友圈；学生骨干发挥模范作用，参与正能量网络互动平台。各学堂将持续构建新媒体文化传播载体，围绕学堂特色，重点打造各学堂的表情周边、视频周边和产品周边等。

（撰稿人：陈晴、方雅静）

构筑导师育人闭环，提升协同育人实效

——同济大学土木工程学院导师育人能力提升案例

土木工程学院

教师是立教之本，兴教之源。导师是高校教学科研的主力军，也是高校育人工作中的中坚力量。为扎实推进全员全过程全方位育人工作，同济大学土木工程学院以突显主线、找准问题、凝聚合力为原则，在学院落实层面探索与实践导师育人能力提升，基于“五抓、五促”的工作举措，搭建了闭环工作机制，切实助力提高人才培养质量、增强立德树人实效、推进育人工作创新，引领推动学院各项事业高质量发展。

一、问题针对

学生的思想“感冒”往往产生及表现在业务活动之中，持续体现于和导师的交流互动当中。导师作为在青年学生中启迪智慧、引航人生的传道授业解惑者，在学生成长过程中发挥着关键核心作用。导师育人能力与人才培养质量和高等教育内涵式发展具有极大的关联性，但仍存在部分导师育人能力有提升空间、育人意识待加强，不同导师发挥育人作用不平衡、对育人工作新情况认知不充分等不容忽视的问题，亟待在落实层面统筹办学治院各领域、教育教学各环节、人才培养各方面的育人资源和力量，高位推动、有机联动，形成适应学科发展的导师育人长效工作机制。

二、主要做法

紧密结合高等教育基本规律和高层次人才培养的新要求，充分发掘导师在“本—硕—博”各个学生成长阶段，在教学、科研、党建、群团、社区、实践等各方面的育人元素和育人逻辑，融入学院整体制度设计和各项工作具体操作环节，初步形成了“能力培训—阵地拓展—推进落实—引领示范—成效评价”闭环的“五抓、五促”工作举措，构建一体化导师育人工作提升体系。

1. 抓培训体系完善，促育人能力针对性提升

在对学院师生广泛调研的基础上，从实际需求出发，拟定了“必修”与“选修”相结合的导师育人能力提升培训“课程包”。必修课程包括：习近平总书记最新讲话、党中央会议和文件精神学习，师德师风教育，心理健康教育和危机应对方法，学业、生涯规划和就业指导，学生特点及变化，学生日常管理等。选修课程涵盖但不限于教师综合素质拓展、学生科技创新、与青年学生的沟通技巧等。同时，大力拓展校内外资源，线上线下多维并举，形成一体化的培训体系。

2. 抓育人阵地拓展，促师生多场域同频共振

学院按照“双向六进入”，即：思政教育进课堂、进科研，导师进党支部、进班级、进社区、进实践活动的原则，积极拓展导师育人阵地，让师生在多场域形成同频共振。通过制度、课堂、班级、网络、社区等阵地建设，守好第一课堂、拓展第二课堂、用活第三课堂。在思政教育进课堂、进科研方面，学院由点到线及面、层层推进课程思政教育教学改革，并通过编制指南，示范专业、领航学院建设，让更多的导师参与其中。在

导师进学生党支部、班级、社区、实践方面，鼓励导师担任学生党支部书记，参与学生党建工作；通过制度建设，鼓励优秀导师担任班主任，由导师担任班主任的比例超75%；积极推进导师走出教室、实验室，走进学生社区，开展"驻楼导师工作站"系列活动；鼓励专业教师参与学生社会实践。

拓展导师育人阵地

3. 抓环节落实闭环，促育人工作高质量推进

形成"部署—实施—督查—修正"一体化的育人工作逐级逐项落实体系，促进教师切实履行教书育人职责。梳理、研判了各阶段学生招生、培养、择业、答辩等环节重点工作，从思想政治引领、学术创新培养、实践创新提升、责任担当教育、学术道德规范、学（职）业生涯规划、身心健康关注、日常生活关怀和人文素养浸润 9 个方面绘制了学年导师育人工作推进的横道图，并编制学院导师育人工作指导意见、工作推进参考表等，同时不定期采用师生测评、座谈等形式对导师工作进行督查。在全院范围内持续开展教育思想大讨论，建立"育人大家谈"研讨机制，定期开展"院领导、辅导员、班主任、导师"等多方座谈，同时邀请管理人员和优秀校友共同参与，增强育人理念、找准育人问题、交流育人经验，及时发现并解决协同育人工作中的问题。

4. 抓优秀典型选树，促示范作用全方位辐射

从导师育人妙语金句征集、典型事例采集等不同层面的榜样树立计划强化导师为

人师表的榜样作用，加强教风、学风、作风建设。学院“师德师风优秀教师”“我最喜爱的老师”“导师金句”等评选活动在选树典型的同时，也营造了良好的氛围，涌现出“全国高校黄大年式教学团队”、上海市“四有好老师”、“上海市优秀共产党员”、同济大学“师德师风优秀教师”等一批教师先进典型，并在学生中大力弘扬科学家精神，通过院士面对面、院士座谈会、科学讲堂等活动引导学生追求更有高度、境界、品位的人生，做真正把精深学问和优秀人格融合在一起的社会栋梁和行业精英。

选树优秀典型，营造良好氛围

5. 抓工作效果评价，促育人成效可持续提升

从不同维度定期采集导师育人工作评价，并用好评估结果，持续改进导师育人工作。按照学生评价、导师自评、培养管理部门评价的思路推进。学生对导师采用主客观结合的方式评价，导师对是否按照育人工作指导意见完成各项工作和是否出现负面清单问题进行自我客观评价，培养管理部门对导师指导能力进行评价并给予意见建议。此外，通过向学生发放匿名问卷，不定期对导师育人工作进行评估。对于发现的问题，及时通过集中会议或个别交流的形式给予反馈。

三、经验与思考

导师育人能力提升以全员育人为出发点，从导师这一育人主体切入，针对全程全方位育人中导师作用的有效发挥进行了一定的探索，基于“五抓、五促”工作举措，推进了“导师育人能力培训、育人阵地拓展、育人实效促进、育人榜样选树、育人成效评估”的实施，搭建了闭环工作机制，建立了五个一体化体系，即“会议—网课—沙龙”一体化培训体系，“课堂—科研—党建—群团—社区—实践”一体化阵地体系，“部署—实施—督查—修正”一体化推进体系，“导师自评—学生评价—管理反馈”一体化评估体系和“话语—事例—人物”一体化榜样体系。积累了宝贵经验，形成了特色品牌。

1. 完善“三全育人”长效工作机制，提质增效助推学院高质量发展

以“三全育人”建设为契机，进一步梳理完善涵盖课程思政、师德师风、意识形态和科研管理等育人各环节、各方面的规章制度，提供有效制度供给。同时，立足学科特色、完善学院治理、推进内部决策，进一步完善学院师生办事流程，提供有力服务保障。组建“育人质量提升”工作小组，加大经费投入、策划主题活动、优化教育形式、完善评价机制，由院领导班子高位推动，相关部门有力配合，形成一套快速、有效的部门联动机制，不断完善适应土木学科发展的“三全育人”长效工作机制，努力实现学院教育教学内涵式高质量发展。

2. 构建“互嵌耦合”协同育人体系，齐抓共管形成学科大思政格局

充分挖掘学院各部门、各项工作环节中的育人元素和育人逻辑，通盘考虑办学治院各领域、教育教学各环节、人才培养各方面，把统一思想和提升育人能力作为关键，充分调动全员积极性和合作意识，组成“育人集团军”，构建体现同济土木特色的协同育人体系。

3. 加强“研用结合”科学思维方法，培育顺应时代需求的高水平人才

遵循“因时而进、因事而化、因时而新”的理念，持续梳理在提升育人能力方面“应该做什么”“可以做什么”“有哪些短板”等问题，不断研究与改进工作方法，通过在人才培养重点模式和关键环节上先行先试，形成教育指南、品牌文化体系、典型案例等

系列工作成果，为学科人才培养提供宝贵经验。主动做好校内校外宣传和互鉴交流，展示学院在“三全育人”方面的“标准性和先进性”双线建设成果。

学院以导师育人为突破口，以工作成效擦亮育人品牌，以机制构建激发育人效能，后续还将以更高的站位、更广的视野、更深的层次、更强的力度推进“三全育人”综合改革，不断创新改进育人效果和提升育人科学化水平。

（撰稿人：程春兰、刘志坚）

构建“三全育人共同体”，打造卓越人才新矩阵

建筑与城市规划学院

建筑与城市规划学院深入学习贯彻习近平总书记关于教育的重要论述，紧紧围绕立德树人根本任务，抓住入选同济大学“三全育人”综合改革试点单位的契机，对标对表有关部署要求，系统谋划、精心设计、一体推进，着力将综合改革试点引向深入、推向实处，不断提升育人质量。

一、问题针对

“三全育人”是对高校育人现实问题的有力回应。学院在开展育人工作中有许多亟须解决的问题，不仅包括思想问题，也存在实践问题：一是思想政治教育意识有待提升，难以发挥协同效应；二是思想政治教育方式尚需创新，难以适应个性化发展需要；三是思想政治教育平台建设亟待加强，难以适应时代发展需要。基于此，建筑与城市规划学院以党的政治领导力、组织覆盖力、群众凝聚力、社会号召力、发展推动力全面打造以人才培养质量为核心的五维建设指标体系，构建通识基础、专业素质、

创新思维、实践能力、全球视野、社会责任和保障机制七个方面的“三全育人”共同体。

二、主要做法

1. 抓关键群体，促全体参与，凝聚全员育人合力

制定《建筑与城市规划学院党员领导干部党建工作任务清单》，督促党员院领导按规定常态化地参加所联系党支部的组织生活并讲授党课。学院党委书记切实担负育人责任，扎实开展“七进”工作，通过主题党团日、师生党支部联学共建等形式，深入推动习近平新时代中国特色社会主义思想入脑入心。发布《同济大学建筑与城市规划学院师德师风失范及学生违反校纪校规处置流程（试行）》，重点加强对青年教师、海归教职工的思想政治引领，增强全体教师育人综合效应。注重弘扬师德师风先进典型，吴志强院士荣获2021年上海“最美科技工作者”称号、第二届全国创新争先奖；伍江、邵甬获得法兰西艺术与文学骑士勋章；袁烽获得2021年上海市育才奖；杨贵庆乡村振兴团队荣获上海市“工人先锋号”称号。学院定期举办“可爱老师”评选活动。认真落实教授给本科生上课制度，制定《同济大学建筑与城市规划学院师生关系文明公约（试行）》。加强辅导员、班主任队伍建设，组织本研一体的班主任工作会议及专题培训，发挥思政协同育人力量。创新思政工作法，构建一站式学生社区教师工作站，引导广大教职工深入学生一线，在言传身教中发挥管理育人、服务育人作用。建设并规范学生社区德育助理队伍。广泛挖掘离退休教职工育人资源，组织离退休老同志开展“读懂中国”、感恩征文系列活动，帮助青年师生了解国情党情世情、坚定理想信念。

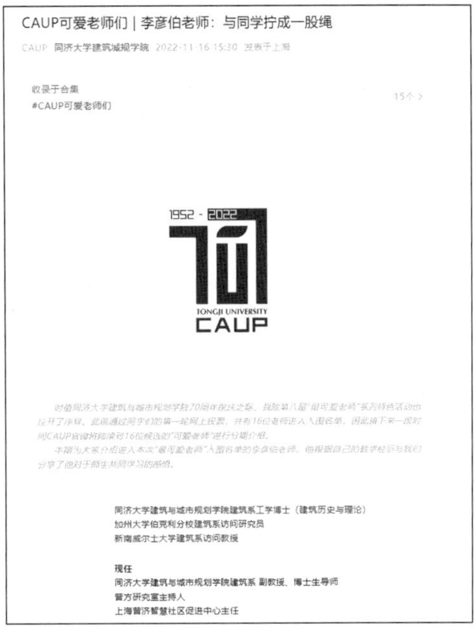

“可爱老师”评选活动师生对话专访

2. 抓重点环节，促全线贯通，打造全过程育人体系

倡导“大学教育前移化、人才培养系统化、开展形式多样化”的理念，切实落实大学教育与中学教育有效衔接，通过基地挂牌、校长赠书、讲座进驻、赛事举办等方式，开展“苗圃计划”，培养中学生专业兴趣。统筹组织新生入学教育周，涵盖党史校史、学术道德、校纪校规、安全教育、职业规划等，弘扬“同舟共济、自强不息”的同济精神、传承“缜思畅想、博采众长”的“靠谱”情怀。培养学生全球化视野，学院主办、承办全球战略合作伙伴院长论坛、同济大学—威尼斯建筑大学中意联合科研系列学术活动、2021 Digital Future 数字建造工作营。强化对学生德智体美劳的综合评价，鼓励学生主动将全面发展与个性发展相结合。德育为本，举办第八届“可爱老师”评选活动，开展学生思想政治品德考核，提高学生思想道德修养；智育为要，依托“CAUP 助学计划 2.0 之金牌小导师”学业帮扶项目，共筑朋辈学习共同体；体育为基，身心并重，面向教职工举行学生心理健康危机干预专题培训；美育为尚，举办“屋顶花园”特色工作坊系列活动，探索高校文化育人新理念；劳动教育为核，2021 年学院共立项暑期社会实践项目 43 项。对标国家战略和地方需求，培育志愿服务品牌项目，依托中国国际进口博览会、中

国花卉博览会、上海世博会、上海城市空间艺术季、上海市规划展览馆等各类重要活动平台，强化学生社会责任感。加强生涯教育，鼓励学生参加“同行计划”暑期挂职锻炼，引导学生主动服务党和国家重大战略布局，到祖国需要的地方贡献青春力量。

“CAUP 助学计划 2.0 之金牌小导师”
学业帮扶活动

3. 抓有效载体，促全面协同，构建全方位育人格局

打通课程育人渠道，以“思政建设促进专业发展，以专业建设践行思政建设”为要求，打造三个一级学科课程思政新体系，完成 12 门“精品课程”建设，将课程育人编入教学督导及教师绩效考核内容。挖掘科研育人要素，加强科研团队组织培养，通过组织科研项目申报经验分享沙龙、科研项目选题辅导、组织国际青年学者论坛、进一步规范管理学术资助体系等多层次支持，将科研优势转化为推动学生创新能力发展的资源优势。丰富实践育人载体，建立社会实践、就业实践、实践课程、创新创业实践项目等共同推进的实践育人格局。学院指导的实践团队多次获上海市“知行杯”大奖。建立新媒体矩阵，推出学院党建网站平台，有力推动基层党建工作信息化建设。建好学生艺术社团，创排《老宅》等校园原创剧目，通过优质的文艺作品开展学生思想政治教育，推进以文化人。加强心理育人环节，举办“润心慧心，健康成长”心理健康主题海报展览活

动，开展以"路在何方：生涯探索团体"为主题的心理团训和新任心理委员培训，召开心理健康主题班会，实现全体学生心理健康教育全覆盖。完善资助育人体系，建立物质帮助、道德浸润、能力拓展和精神激励有机结合，无偿资助与有偿资助、显性资助与隐性资助有机融合的资助机制；强化发展型资助，组织"靠谱青年"训练营，努力扩大资助育人覆盖面。强化组织育人建设，扎实推进党史学习教育和特色主题实践活动。开展"筑梦百年，星火燎原——一百个红色建筑巡礼"项目，举办"我的'四史'记忆"展览，以"乡村振兴+'四史'教育"为抓手，开展送课下乡等活动。

深入基层打造实践新高地

三、经验与思考

1. 强化规划设计，绘好综合改革"路线图"

以"系统谋划、精心设计、一体推进"为工作思路，把"三全育人"综合改革作为新时代推进育人理念和育人方式创新变革的重大命题。学院党政联席会定期专题研究思想政治工作和"三全育人"综合改革工作，形成党委统一领导、思政工作小组部署安排、办公室牵头负责、评估督导组督促落实的组织管理运行体系。着力细化学院"三全育人"综合改革实施方案，落实落细各项工作任务和责任清单，分层分类完善各项育人职责和规范，激发各育人系统主动性，增强各育人环节互动性，促进各育人主体联动性。

2. 坚持重点发力，打好协同育人“组合拳”

以“一体推进、协同联动”为工作思路，持续优化全员参与、全时贯穿、全域协同的育人路径，形成“十员共育 + 四环贯通 + 十域联动”的“10+4+10”育人模式。联通育人力量，完善全员育人工作格局，构建“干部—教师—辅导员—班主任—教辅人员—朋辈—社区后勤—离退休老同志—校友—家长”的“十员共育”模式；贯通育人环节，构建招生—培养—就业—校友工作“四环联动”体系；融通育人领域，精准把握“十大”育人体系在育人目标上的内在耦合，营造深层浸润的“三全育人”工作格局。

3. 加强资源支撑，打造队伍建设“同心圆”

从政策资源、队伍建设和监督问效等方面为深化“三全育人”综合改革提供坚实保障。学院将加强政策支持和资源支撑，在发展规划和年度计划制定中坚持优先保障“三全育人”综合改革工作的基础建设和经费开支，按照要求严格执行各类标准；加强队伍建设和骨干培养，坚持把政治标准放在首位，在教职工考核评价、职务（职称）评聘、评优奖励中，把思想政治表现和育人作用发挥作为首要指标；加强监督考核和激励问效，把立德树人作为“双一流”建设关键指标，把“三全育人”推进落实情况作为党建工作与事业发展考核的重要指标。

（撰稿人：唐育虹、郑宇智、李柳醒、姜凡、郑晨）

基于项目群驱动的高质量育人支持系统建构 实现博士生育人全员全程全方位发展

经济与管理学院

同济大学经济与管理学院紧紧围绕立德树人根本任务，深化“三全育人”综合改革，响应新时代党和国家的号召，培养担当民族复兴大任的时代新人，致力于打造党建贯穿引领、学术氛围浓郁、创新创业突出、就业能力提升的育人体系，以提升学生综合素质为先导，服务博士生成长成才全方位发展。

一、问题针对

高质量构建高校思想政治工作体系，必须切实加强党的全面领导，站在立德树人的育人角度强认识，站在创建一流的发展维度抓落实，充分认识到博士研究生的培养是一个复杂性、系统性、长期性、专业性的机制体制建设过程。

二、主要做法

2018—2023 年，经济与管理学院持续发挥学科特色，基于系统工程、项目管理、全生命周期理论，将学生成长成才的外部资源环境视为一个诸多要素相互关联、相互耦合形成的“复杂动态系统”。每个系统包含若干由项目群构成的子系统。每个项目群子系统持续输入社会、学校、学院提供的高水平资源，系统科学建构项目群以驱动各类学术科研、创新创业、优秀毕业生等高质量成果的产出，助力高水平博士生培育。

1. 搭建党建引领项目群子系统，形成“教育—管理—服务—再教育”党建工作闭环

精心打造“教育”项目，通过跨学科跨专业学习交流，系统提升博士生党员的知识储备与创新能力。以师门、宿舍社区、班级为单位划分研讨小组，融合小组成员研究方向，深入探讨社会热点、凝练关键科学问题。有的学生党支部将理论学习与社会实践相结合，调研上海市湿垃圾资源化处置设施生产使用单位，调研成果在《解放日报》上海专版发表并获得上海市分管领导批示。有的党支部在学习习近平总书记“一带一路”合作倡议方面的重要讲话时，结合管理学热点问题开展“党建 + 学术”跨年级研讨会，先后在《管理世界》《应用经济学》(*Applied Economics*）等权威期刊发表多篇高水平论文，并与 4 名本科生合作发表 4 篇论文、指导 9 名本科生参与 2 项国家级大学生创新创业项目。科学谋划“过程管理”项目，结合学院学生党支部工作实际，运用管理学思维，明晰组织生活中蕴含的关键绩效指标，基于流程设计理论探索契合管理学专业研究生的党建制度范式，形成《支部组织生活活跃积分核算办法》《支部组织生活开展规程》等配套制度文件，实现基于制度经济学理论的“三会一课”常态化制度化与质量跟踪，以党建引领学院研究生学业高质量发展，上述部分理论成果已发表于《扬州大学学报》。系统设计“志愿帮扶”项目，在创新创业咨询、职业发展路径选择、论文发表、保研经验分享等方面开展 500 余人次“一对一”帮扶。坚持“走出去”，通过与学院“城市 360”项目团队深度融合，打造“管理学 + 社区更新 + 党建共建”社区志愿服务范式，结合大数据为社区构建多元协同微更新全流程方案，在提供畸零空间改造服务的同时，引导

居民参与社区治理，目前已为周边30余个社区贡献了同济智慧和同济方案。此外，学院党支部成员发挥学科特长，参与中国国际进口博览会、第十四届中国科技政策与管理学术年会、国家统计局上海优化营商环境落实情况调查等面向国家、城市重大发展需求的志愿活动200余人次。

2. 搭建学术提升项目群子系统，形成“思考—分享—交流—再思考”学术育人闭环

着力打造“洞见新知”学术讲堂，以“融合新知、励志弘学，求实创新、点燃理想”为宗旨，聚人、聚思、聚力，邀请学术界泰斗级人物与同济经管学子面对面，为学生提供感受大师风采、启迪人生智慧的交流平台。学术讲堂邀请院士、专家从科研、实践多维度多视角，助力博士生保持韧性、追求卓越。滚动推进“经世”可持续发展沙龙，邀请学术专家、朋辈导师分享自己的求学求知之路，通过搭建“云讲堂”实现互动“零距离”，突破传统的面对面模式，营造一种开放、轻松而不失严肃的学术交流氛围，让参与者逐渐形成自发的学术讨论和研究意识，培养、提升学生创造性和批判性思维，锻炼沟通表达能力，弘扬科学家精神与优良作风学风，促进博士生形成学术使命感，释放创新活力与学术激情。创新打造“经研”学术小组，学院精心设计了研究生学术共同体，为研究生搭建基于自愿平等的交流合作平台，充分拓展信息扩散的渠道，吸引来自不同学校、不同年级、不同专业学科，有着相同或者不同学术背景的研究生共同参与活动，在多方的研究交流与思想碰撞中，参与者将拥有充分的舞台以展示自我才能，发表创新性的学术观点，也能够在交流的过程中取长补短，激发创新意识、提高学术科研能力。

“洞见新知”学术讲堂活动

“经研”学术小组活动

3. 搭建创新创业项目群子系统，形成“认知—培养—参与—再认知”螺旋上升闭环

深入实施“对标对表”项目，有效激发广大青年参与高质量创新赛事的热情。科学调整学院学生奖学金评定办法，加大对学生参与创新创业竞赛与活动的奖励。基于对创新创业竞赛影响力、含金量的研判，系统编制《经济与管理学院团委创新创业部推荐的科创竞赛清单》，并依托微信公众平台分批发布，使学院学生准确把握全国科创竞赛最新动态。规范开展“能力提升”项目，积极与校团委、新生院、学业发展与指导中心、嘉定校区学生成长中心等单位（部门）开展合作，举办线上线下相结合的创新创业宣讲会，重点针对管理研究方法论、创新创业理论、创新创业案例开展讲解，引导学生聚焦新冠疫情、“碳达峰”“碳中和”等现实问题凝练关键科学问题、提出创新思路构想，真正“把论文写在祖国大地上”。扎实推进“本研贯通”项目，积极邀请优秀硕博士研究生发布项目选题和竞赛组队邀请，形成本研融合参与创新创业活动的氛围。2022 年，累计 214 人次获得各级、各类创新创业奖项。其中，管理科学与工程专业 2020 级博士研究生辛旭主持的“上海市新能源汽车动力电池回收资源化利用现状与创新对策”项目获得全国大学生节能减排社会实践与科技竞赛国家一等奖，创社会实践类作品同济历史最好成绩。TONGJIEM 团队在 2022 年英国皇家特许建造师学会（Chartered Institute of Building，CIOB）全球学生挑战赛（Global Student Challenge，GSC）决赛中荣获世界冠军。

第十五届全国大学生节能减排社会实践与科技竞赛国家一等奖获得者辛旭

大学生节能减排社会实践与科技竞赛国家一等奖证书

“互联网 +”大学生创新创业大赛获奖证书

4. 搭建就业支持项目群子系统，形成“交流—学习—实践—再交流”思维迭代闭环

聚力厚植“就业沃土”项目。伴随着博士生教育规模的全球性扩张，博士生就业成为各方关注的焦点问题，就业前景的不确定性也逐渐成为博士生焦虑的刺激源。根据 *Nature* 开展的 2019 年全球博士生调查，48.28% 的受访者表示，不确定的职业前景是其排名前三的焦虑来源，约 1/3 的受访者认为，博士生教育并没有很好地提升其职业前景。有鉴于此，经济与管理学院搭建了就业单位走访渠道、沙龙与讲座分享平台和丰富多元的就业指导课程，提升博士生职业准备的敏感性，形成职业规划与学术规划双螺旋路径，助力博士生职业规划前置。其中，以博士生考公经验分享分论坛为代表的系列大型交流活动取得较大反响，经管学院创新联动建筑与城市规划学院、材料科学与工程学院、海洋与地球科学学院分别推选出一名考公榜样，从不同学科、不同角度、市内市外多维度进行沙龙分享，激励学生奔赴祖国各地，把自己的爱国情、报国志转化为实际行动，扎根一线服务人民。聚思探索“可迁移能力”培养项目，全球化与知识经济的驱动扩大了社会对世界一流、具有全球文化的博士的需求，英国经济与社会委员会

（Economic and Social Research Council，ESRC）强调，所有从事社会科学研究的博士生都要熟练使用质性研究和定量研究方法，并接受通用性研究技能和可转移性技能的训练。为此，学院以博士生可迁移能力的培养为思政教育新方向，借鉴国外博士生培养模式经验，探索博士生可迁移能力的形成机制，努力提升由知识、能力、素质、价值观等不同要素构成的能力集群，如筹办国内外学术项目合作经验分享讲座以提升沟通合作能力，筹办顶级期刊论文发表经验分享讲座以提升研究能力，筹办职业形象塑造与礼仪修习讲座以提升人际交往能力等，系统构建我国博士生可迁移能力的培养模式，为推动实现高等教育内涵式发展提供政策建议，加快实现满足国家发展所需全方位高层次人才要求，助力高素质人才追求更高质量的就业水平。

博士生考公经验分享活动

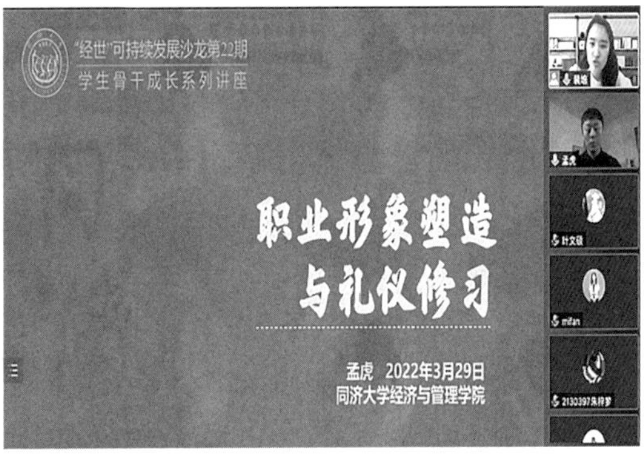

职业形象塑造与礼仪修习讲座活动

三、经验与思考

通过近几年的实践探索，经济与管理学院已经基本形成了基于项目群驱动的高质量育人支持系统建构，多措并举推动博士生育人全员全程全方位发展，取得了突出的经验与成效。

1. 党建贯穿引领，探索纵深化发展新模式

研究生思想政治教育工作应当充分发挥党员的先锋模范作用，经济与管理学院创新

构建基于流程设计理论的契合管理学专业研究生的党建制度范式，形成《支部组织生活活跃积分核算办法》《支部组织生活开展规程》等配套制度文件，实现基于制度经济学理论的“三会一课”常态化制度化与质量跟踪，实现党建引领学院研究生学业高质量发展，探索纵深化发展新模式。

2. 多元主体互动，营造良好学术氛围

经济与管理学院创新打造“洞见新知”学术讲坛与“经世”可持续发展沙龙等学术育人品牌，邀请学术专家、朋辈导师分享自己的求学求知之路，培养、提升学生创造性和批判性思维，锻炼沟通表达能力，弘扬科学家精神与优良作风学风，促进研究生形成学术使命感。

3. 发挥驱动作用，激发创新创业活力

经济与管理学院积极与校团委、新生院、学业发展与指导中心、嘉定校区学生成长中心等单位（部门）开展合作，举办线上线下相结合的创新创业宣讲会，重点针对管理研究方法论、创新创业理论、创新创业案例开展讲解；同时，科学调整学院学生奖学金评定办法，系统编制《经济与管理学院团委创新创业部推荐的科创竞赛清单》，有效激发广大青年参与高质量创新赛事的热情，形成本研融合参与创新创业活动的氛围。

4. 坚持实效导向，提升就业服务能力

经济与管理学院基于广泛的情况摸排，安排了丰富多元的就业指导课程，内容涉及博士生就业、企业求职、考公考编等诸多方面，提供“一站式”、不断线就业服务；同时，对标全球教育发展前沿，创新培养博士研究生“可迁移能力”，努力提升由知识、能力、素质、价值观等不同要素构成的能力集群，助力高素质人才追求更高质量的就业。

（撰稿人：裴培、杨一笛、辛旭）

党建引领聚合力，培根铸魂育新人

物理科学与工程学院

为深入学习贯彻习近平新时代中国特色社会主义思想和党的二十大精神，把贯彻落实全国高校思想政治工作会议精神进一步引向深入，物理科学与工程学院统筹各领域育人资源和育人力量，贯彻落实党的教育方针，以立德树人为根本任务，深入推进“三全育人”综合改革工作。自2019年入选同济大学首批“三全育人”综合改革试点学院以来，学院不断加强和改进思想政治工作，积极构建思想政治工作体系，以课程思政为载体，以科创活动为抓手，逐步建立完善全员、全程、全方位育人体制机制，全面落实立德树人根本任务，努力培养担当民族复兴大任的时代新人。

一、问题针对

育人为本是教育的生命和灵魂，是教育的本质要求和价值诉求。在深入推进“三全育人”综合改革工作中，重点针对拔尖创新人才培养，解决党建工作与业务工作“两张皮”、思想政治工作与教学工作“两张皮”、理论学习与实践运用“两张皮”等问题，推动重点工作有特色、有亮点，难点工作有突破、有创新，确保育人工作有实效。

二、主要做法

1. 抓党建机制铸魂

学院积极申报第二批“三全育人”综合改革示范学院建设，并以此为契机，不断深化基层党建内涵，进一步把党建工作贯穿学科建设、教书育人全过程。学院党委充分发挥党的领导核心和政治核心作用，坚持以习近平新时代中国特色社会主义思想为指导，牢牢把握学院意识形态工作领导权，履行主体责任，对标从严要求，将党建工作与学院事业发展同谋划、同部署、同推进，全面加强党对学院工作的全面领导。深入挖掘“特色党支部”建设，将拔尖、强基人才的思想政治教育与专业培养融合，进一步纵深推进“三全育人”工作，学院探索建立了一支集“党建—科研—育人”于一体的创新型特色党支部，在学院原有的“师生混编”特色党支部建设的基础上，成立新党支部——第十党支部，由青年党员教师率先垂范，担任党支部书记，并将其课题组的教师党员、研究生党员及学院拔尖、强基类本科生党员一同编入第十党支部，打通本科生、研究生党支部建设壁垒，在创新党建工作的实践中，探索把科研与育人深度融合，潜心教学、倾心育人。

学院领导班子集中学习、讨论，确保“三全育人”工作扎实推进

把党旗插在学生科研工作第一线

2. 抓课程思政培根

学院党委始终以理想信念教育为核心，以社会主义核心价值观为引领，以全面提高人才培养能力为关键，成立推进课程思政建设工作小组，由学院党委书记担任组长、院长担任副组长，专业负责人、核心课程负责人为成员，由组长加强统筹协调，工作小组组织推进实施，切实提高工作亲和力和针对性，强化基础、突出重点、建立规范、落实责任，一体化构建内容完善、标准健全、运行科学、保障有力、成效显著的育人工作体系，使思想政治工作体系贯通学科体系、教学体系、管理体系，形成全员全过程全方位育人格局。大力推进课程体系建设，新增教育部高等学校大学物理课程教学指导委员会课程思政案例 1 个，上海高校市级重点课程建设（虚拟仿真实验教学课程）1 项，同济大学教育教学改革重点项目 1 项，同济大学第四期立德树人示范课程 1 门，同济大学 2022 年校级课程思政示范课程 1 门。承担了同济大学校级全英语专业建设（2022—2024）(应用物理学)，获 2022 年度上海教学成果奖一等奖 1 项。

3. 抓师德师风立德

以教学基层组织建设为突破口，提升教师思想政治教育的意识和能力，把师资队伍建设的落脚点聚焦于立德树人根本任务，推动广大教师进一步强化育人意识，找准育人角度，提升育人能力，确保思想政治教育落地落实、见功见效。建立责任教授制度，聘任有理想信念、有道德情操、有扎实学识、有仁爱之心的优秀骨干教师担任学科、专业、课程的责任教授，推进教学机制改革，确保教师全身心投入教学工作，激发专业教师的育人活力。将导师作为研究生育人的“主力”，把立德树人作为研究生导师的首要职责，出台考核评价、岗位聘用、职称评定、职务晋升、绩效分配、评优评先等管理制度，将导师立德树人评价考核结果作为主要依据，落实导师立德树人职责，建设政治素质过硬、师德师风高尚、业务素质精湛的导师队伍。学院党委书记和国家级人才（王占山、李勇、江涛）亲自担任班主任，邓晓获 2021—2022 学年同济大学“优秀班主任”荣誉称号，王占山教授获 2022 年度同济大学“师德师风优秀教师”荣誉称号，2021 级光电本科生班主任江涛教授获 2022 年“强国青年科学家”提名。

4. 抓科创实践树人

全面落实本科生“导师制”，以学生为中心，“一人一方案”进行科创实践，学术导师和生涯导师协同指导，提升学生科创能力，培养学术道德、团队合作等综合素质。2020 年以来，本科生深造率逐年稳步提升，至 2023 年秋达 70.7%，徐贤、信烁、曹紫菱在校期间在 *Nat.Comm.*(IF:14.919)、*Nano.Lett.*(IF:11.189)、*Materials*、*Phys.Rev.D* 发表高水平研究论文 5 篇，并先后进入耶鲁大学、斯坦福大学等攻读博士学位。2022 年，学院本、研学生共同组队，荣获第八届中国国际“互联网 +”大学生创新创业大赛铜奖 1 项，第八届中国国际“互联网 +”大学生创新创业大赛上海赛区产业组金奖 1 项，第十三届“挑战杯”中国大学生创业计划竞赛全国金奖 1 项，上海市大学生创业计划竞赛金奖 1 项。2019 级应用物理本科班获同济大学“优良学风标兵班”称号，研究生黄思

物理自习室

“普物速递”线下辅导

博获 2022 年同济大学追求卓越学生奖，研究生周沁心获同济大学第十六届“学术先锋”称号。以学生需求为导向，推出“物理自习室”“物理共学群”等“物理食堂”系列活动，为近千名学生提供辅导和答疑服务，获得学生一致好评。

三、经验与思考

学院坚持立德树人根本任务，把思想政治工作和意识形态引领贯穿教育教学全过程。全院上下全方位联动，形成全员全过程全方位的“大思政”格局，实现“三全育人”的战略目标，担当培养时代新人、传承科研精神的历史使命。

1. 以党建为引领，构建“强基固本”时代新人培育体系

通过一系列举措立师德，树师风，筑牢立德树人基础。在“特色党支部”建设基础上，培育党支部书记“双带头人”工作室建设，积极探索“支部建在课题组上”，多措并举，实现党建工作与教学科研工作双向提升、双向促进。政治骨干的“学术带头人”优势有利于推进政治任务实现，学术骨干的“党建带头人”定位有利于推进学术事业发展，把党支部的领导力和组织力转化为推进科研创新工作的强大动力，实现支部党建工作、科研创新工作双提高，切实增强做好“三全育人”试点学院建设的政治自觉、思想自觉和行动自觉。

2. 以“课程思政”为切入点，构建“三位一体”思想政治课程体系

抓平台入课堂，专项工作目标明确一年示范、三年推广、五年实现所有课程全覆盖，构建起专业理论课、专业实验课、实践环节三位一体的思想政治课程体系。抓教师育名师，通过全院教师教育思想大讨论，统一育人理念、凝练育人方法、发掘育人名师，资深教授、学术骨干担任班主任，促进思政引领和学术魅力相统一。

以学科实践为抓手，构建“以知促行，以行践知”学科育人体系。加强实践育人，搭建学生物理学习的快乐与烦恼的交流平台，指导学生参加各类学科竞赛，推动专业学习、创新研究与实践能力培养的有机融合。同时潜移默化地将朋辈榜样作用深入学生群体当中，成为学生思想引领的重要旗帜，涌现出一批又一批优秀的榜样与典型，时刻带动学院学生共同进步。

（撰稿人：张众、殷娣娣、张永刚、李薇）

第五章

坚实体系筑牢人才培养闭环

从质量控制到质量文化，同济大学在“三全育人”综合改革过程中，始终关注质量把控，健全质量保障体系，形成一流人才培养质量评价闭环。本章集结了 7 个来自职能部门、基层院系的工作案例，不同部门在“三全育人”示范案例建设过程中，把人才培养水平和质量作为评价大学的首要指标，形成以提高人才培养水平为核心的质量文化，具有一定示范效应。学校层面贯彻“以学生成长为中心、成果导向、持续改进”的理念，创新体美劳课程评价模式，积极探索体育、美育、劳育与课程思政深度融合的有效途径；基层院系探索人才培养质量评价新方法，电子与信息工程学院依托学科优势与特色，智能引领，信息赋能，着力构建高质量发展的“智信”育人体系；环境科学与工程学院聚焦科创实践人才培养全流程，对照学生创新创业能力培养和实践锻炼的需求，积极构建具有环境学科特色的科创实践人才培养体系；机械与能源工程学院构建以“顶升精神”为特色的“三全育人”体系；经济与管理学院着力构建“五位一体”高质量协同育人体系，构建良好的合力育人生态系统；数学科学学院探索“思政 +”育人格局……从“试点”到“示范”的升级转型，一个个生动的“三全育人”工作体系跃然纸上，为“三全育人”工作体系构建提供参考。

探索体美劳课程评价模式，促进学生全面发展

教学质量管理办公室

为纵深推进“三全育人”综合改革试点建设，积极回应新时代学生的新特点、新需求，丰富课程育人功能内涵，促进人才培养“五育并举”和“五育融合”，同济大学按照“以评促建、以评促改、以评促管、以评促强”的指导思想，贯彻“以学生成长为中心、成果导向、持续改进”的理念，结合学校实际，创新体美劳课程评价模式，积极探索体育、美育、劳育与课程思政深度融合的有效途径。通过开展体美劳本科课程评价，进一步促进体美劳课程教学改革和课程建设，提升课程育人功能，切实提高课程教学质量，促进学生全面发展。

一、问题针对

构建德智体美劳全面协同的人才培养体系，实现人的全面发展，既要有顶层设计，又要能落实到教育教学各环节。学校于 2021 年 12 月相继发布了关于加强新时代学校体育、美育、劳动教育工作的实施方案，对体美劳工作提出总体要求、建设内容和主要举

措。作为组织保障的内容之一，完善体美劳课程评价体系是一项探索性的工作，体美劳课程评价如何既遵循课程评价的总体要求，又能反映体育、美育、劳动教育的课程特点，针对体美劳理论课和实践课程的特点，开展分类评价，同时注重体美劳课程对学生的综合育人价值，是摆在我们面前的重要课题。为此，亟须以“三全育人”理念为指导，对体美劳课程评价内容、评价方法等方面进行深入探讨，以期进一步完善体美劳课程建设，充分利用好课内教学和第二课堂，将线上教学和线下教学相结合，发挥学科特色和优势来建设体育、美育、劳育课程，科学设置课程体系，持续改进课程质量。

二、主要做法

为破解以上问题，在本科生院、学生处、体育部、艺术与传媒学院等单位的支持下，教学质量管理办公室牵头开展了2022年体美劳课程评价试点工作，选取了“体育（一）”“体育统计学”“大学美育”“星期音乐会”“劳动教育（线上课程）”“劳动教育（社会实践）”6门课程，探索体美劳课程评价新模式，促进课程育人功能提升。具体做法如下。

1. 挖掘课程思政元素，落实立德树人根本任务

（1）课程评价指标体系设置体现立德树人内涵

课程评价指标体系设立了课程教学大纲和命题合理性、课程目标达成情况、教学过程、课程特色四部分评价内容的10个主要观测点。课程教学大纲要求将立德树人要求体现在课程教学大纲中，并做好课程思政教学设计。相关学院建立了课程标准审核和教案评价制度，制定了加强课堂教学管理、提高教学质量的实施办法。一方面，构建了科学合理的课程思政教学体系，明确每门课程的思政建设目标和育人目标，将课程思政融入教育教学全过程；另一方面，落实学院领导和教学督导听课制度，加强课程育人实效考核，完善学院教学督导制度和院系领导听课制度，将课程思政和课程育人实效纳入学院督导、院系领导和同行听课、期中教学检查等教学环节，加强检查和考核，结合学生

评教等，进一步促进教师教学有机融入课程思政元素。

（2）课程评价模块设立重在反映人才培养目标

如根据《同济大学关于加强新时代劳动教育工作的实施方案》，按照分类评价的原则，劳动教育课程评价分别对劳动教育模块化课程包和实践模块进行评价。劳动教育模块化课程包包含马克思主义劳动观教育，科学家精神、劳模精神、工匠精神，以及《中华人民共和国劳动法》相关法律法规，在展现同济精神和学科特色的同时，深入解读劳动精神、奋斗精神的实质和内涵；劳动教育实践模块，包括生活技能培养、社会实践锻炼、公益志愿服务、勤工俭学助力、创新创业提升、生态文明建设、劳动文化繁荣等板块。

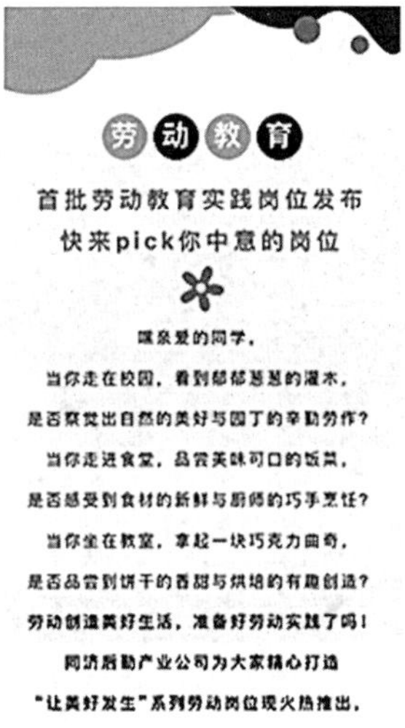

劳动教育课程育人环节

2. 建立持续改进和协同育人机制

课程评价要求以教师自评、督导听课评价、学生评教和专家评审相结合的方式进行，做到事实清楚，数据翔实。要求在课程自评过程中，充分挖掘和发挥体美劳教育的育人功能，总结学生学习成效，持续改进和提升课程质量。相关学院和部门进一步完善工作机制，定期召开工作会议，充分沟通交流，协同育人。通过课程评价，有效促进

“五育融合”。学校根据“优势工科引领带动，厚重理科融合推动，特色医学协同驱动，精品文科共享联动，前沿交叉创新互动”的学科建设目标，以现有人文艺术类学科为主体，加强美育与其他学科的衔接，将美学原则渗透于各学科教学和研究；促进美育与德育、智育、体育和劳动教育相融合，在课堂教学、社会实践和创新创业等各种教育活动中揭示“心灵之美”“学术之美”“创造之美”等。美育实践通识课程，将第一课堂与第二课堂相融合，包括美术建筑类、音乐舞蹈类、人文美学类、戏剧影视类、设计制造类等板块，通过强化美育实践课程学习体验，提高学生审美塑造的自觉性与能动性，丰富学生的美感体验，增加学生的美感储备，进而活跃校园文化，提升校园文化能级，形成协同育人的教育环境。

美育课程育人环节

3. 发挥专业教师课程育人的主体作用

健全课程育人运行机制，相关单位将课程育人作为教师思想政治工作的重要环节，作为教学督导和教师绩效考核、晋职晋级的重要评价内容。任课教师开展课程目标达成情况的自我评价，对课程教学设计进行教学反思，把体美劳教育纳入学校人才培养全过程，挖掘学校体美劳教育在学生道德教育、智力发展、身心健康、审美素养和健康生活方式形成中的多元育人功能，推动学生专业学习和体美劳协调发展。例如，体育部根据《同济大学关于加强新时代学校体育工作的实施方案》，实施“4+1+N”课内外体育课程一体化方案和“健康知识 + 基本运动技能 + 专项运动技能”教学模式。体育课程评价分为体育理论课程评价和体育实践类课程评价。对于体育理论课程，课程负责人对体育理论课的教学团队建设、课程建设、教材选用、教学内容、考核方式等进行教学反思，提出改进措施；对于体育实践类课程，任课教师或活动组织者对体育实践活动安排、活动过程和结果进行教学反思，提出改进措施。

体育课程育人环节

三、经验与思考

1. 结合新时代大背景构建课程育人体系

体美劳课程教育对于学生的长远发展意义尤为重要，且不可或缺。体美劳课程建设要全面贯彻党的教育方针，充分考虑新时代高等学校培养德智体美劳全面发展的社会主义建设者和接班人的需求，把体美劳育纳入人才培养全过程，以社会主义核心价值观为引领，提高学生的素养，培养“全”人，通过体美劳课程教育把学生培养成为有血有肉、有品德、有修养的“完善”的人。

2. 建设有同济特色的体美劳课程育人模式

要服务同济大学的人才培养目标，即培养引领未来的社会栋梁和专业精英，体美劳育对于培养学生思辨能力、创新精神、批判性精神等品质起到了重要作用，赋能人才培养目标；要建立跨学科体美劳课程育人教师团队，实现体美劳课程与多学科的交叉融合，实现不同学科特色下个性化的人才培养。

3. 以课程评价推动体美劳课程改革

开展课程评价对于推动课程建设具有积极意义。未来将进一步扩大课程评价覆盖面，形成有效的评价机制，进一步做好课程评价理念的宣传推广工作，支持和协助学院教师自觉开展课程评价，持续改进教学质量。守好一段渠，种好责任田，于“润物细无声”中实现铸魂育人，于“潜移默化”中提高学生综合素质，落实立德树人根本任务，助力人才培养质量不断提升。

（撰稿人：吴志军、朱伟文、刘红煦）

智能引领，信息赋能，构建“智信”育人体系

电子与信息工程学院

人才是实现民族振兴、赢得国际竞争主动的战略资源。为了深入贯彻实施新时代人才强国战略，实现高水平科技自立自强，承担为党育人、为国育才的历史重任，电子与信息工程学院依照同济大学“三全育人”示范学院建设标准，依托学科优势与特色，智能引领，信息赋能，创新“三全育人”机制，打造“协同育人中心”“学生成长大数据”信息物理系统，聚焦人才培养的重点难点，着力构建高质量发展的“智信”育人体系。

一、问题针对

作为全校师生体量最大的学院，学院已拥有 2 名院士，师资队伍不断壮大，生源质量显著提升，学院发展迎来重大战略机遇期。近年来，学院切实增强“三全育人”工作的责任感和使命感，着力构建工作新格局，也取得了一定的成效，但距离构建高质量发展的“智信”育人体系还有一定的差距。一是各部门、系（中心）主动协同育人意识还有待加强，“三全育人”长效机制还有待完善。二是学院学工、教学、科创基

地等部门分散办公，育人平台协同性弱、资源信息不对称，学生办理日常事务不够便捷；学生互动场地有限，培养学生德智体美劳全面发展缺少充分的空间保障。三是还存在学生“基本画像模糊”、育人质量评价与预警不足、育人过程追溯难等问题，需要依托大数据追踪记录学生群体及个体的成长规律和个性需求，助推育人工作的针对性和实效性。四是教学科研育人的实效性有待进一步加强，专业知识体系中思政元素挖掘得还不充分，科研实践育人培优体系还不够完善，距离“大思政”育人工作格局的构建尚有一定的差距。

二、主要做法

1. 创新“三全育人”长效机制，激活全员育人

强化组织保障，完善制度体系，优化育人流程，全力打通育人链条，激发全员育人内生动力。一是打造协同育人中心。经过多次党政联席会专题研讨，划拨 70 余万元专项经费，打造协同育人中心。该中心由学院党政一把手牵头抓总，分管学工、教学、科研、行政领导负责，形成了党政齐抓共管、统筹部署的组织机制。二是实行管理队伍轮岗制度。强化一盘棋的系统设计，打通学院教师管理队伍，实行轮岗制度。通过多岗位的工作，增强队伍活力，加强协同工作实效。三是着力工作流程优化和再造。以信息化平台为依托，全面整合和优化工作流程，明确各育人主体职责分工，实现全学院各部门同频共振。

2. 打造协同育人物理空间，保障全方位育人

整合育人资源，强化空间保障，促使全方位育人落地见效。学院规划了 450 余平方米空间，装修改造了 8 间办公室用房，打造协同育人物理空间。一是设立协同育人集中办公区。围绕学生成长需求，结合具体育人场景，实现本研学工、教务、学生创新基地集中办公，建立了协同工作与资源共享的新机制，打破了工作“壁垒”。二是构筑立体式学生互动空间。扩充整合学生专用场地，打造了集团学活动、学业支持与发展、科技

创新实践教育、心理健康教育、生涯发展与指导教育于一体的立体式专属空间，为全方位人才培养提供重要保障。三是打造一站式自助服务站和"启智励行"文化长廊。依托信息化建设，推进各项事务的自助服务，设立学生事务自助服务中心。营造文化育人氛围，构建"三全育人"一体化、沉浸式文化长廊。

协同育人中心场地改造

3. 搭建学生成长信息空间，助力全过程育人

依托信息化平台整合育人数据，实现了学生事务"一站式服务"、学生成长状态的有效评估、学生需求的精准对接。已面向学生开放 15 个 App，平台注册用户达 4 265 人，实现了学生、导师、班主任、行政人员全覆盖。一是学生事务"一站式服务"。已在信息平台实现了请假、学籍证明、成绩排名等事务办理的自助服务，线上审批与线下自助打印相结合，办事流程与消息发布相结合，彻底解决学生办事"最后一公里"问题，实现从"最多跑一次"向"大部分跑零次"转变。二是学生状态的有效评估。通过信息平台，每学期开学初和期末开展两次本研全覆盖的学生思想动态调研，已初步完成了不同培养阶段学生的思想调研演化曲线与模型，实现了重点学生识别，隐私信息点对点推送，多育人主体快速联动。三是学生需求的精准对接。搭建评奖评优、五育培养、学生成果、生涯指导与就业四大模块，精准服务学生成长成才的需求。实现评奖评优全流程线上化，全过程智能协同，达到全年零投诉；构建了学生五育过程培养数字档案，研发了学生五育分析系统；提出了学生成果标准体系，完成了全院学生各类成果全量动态采集；实现了学生简历一键生成、线上招聘会快速组织、招聘信息精准推送、用人需求精准对接。

一体化信息平台

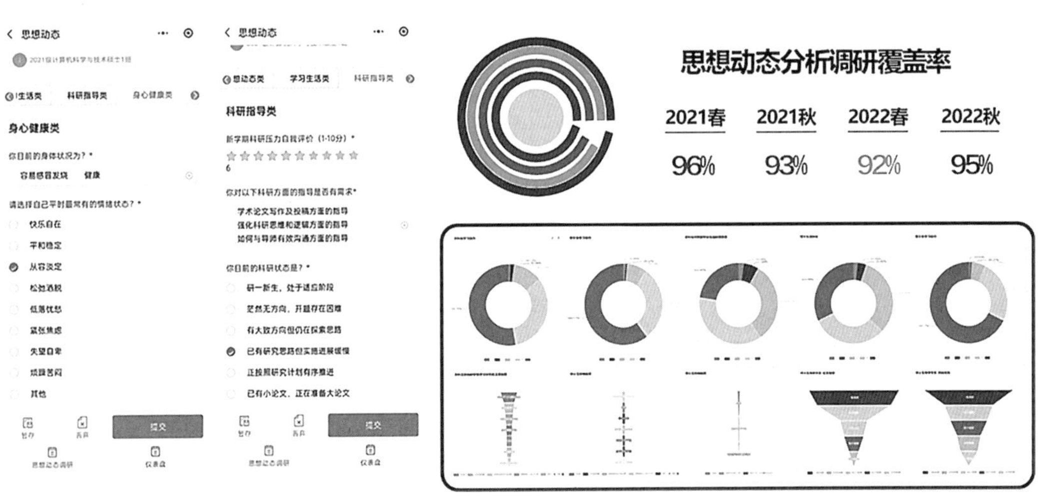

全覆盖式学生思想动态调研

4. 聚焦人才培养重点难点，强化育人成效

学院聚焦工作重难点，集中发力，取得了显著成效。一是提升组织育人功能。积极培育党员标兵，不断推进标杆党支部创建，2022 年，本科生赵芷祺荣获“上海市百名学生党员标兵”称号。二是培养学生全面发展。《同济大学电子与信息工程学院学生全面发展“五育”培养及评价方案》延伸至研究生，实现本研贯通培养；制定了《同济大

学电子与信息工程学院劳动教育实施方案》，建立健全劳动教育体系，成功申报“梦想改造工坊”“济 E 劳动实践工作室”等 4 项重点特色项目。三是强化教学改革成效。打造“智 • 信”讲堂，邀请了 41 名海内外知名学者做客讲堂，提升学生学术素养；着力建设了四大金课团队，强化课程改革，推进 2 个示范基地建设，实现产学研联动；与上海自主智能无人系统科学中心合作完成“智能科学与技术”高峰学科建设；与华为技术有限公司“智能基座”产教融合协同育人基地签署合作协议，成为首批合作高校之一，合作共建创新课程 25 门。2021—2022 年，学院教师荣获上海市优秀教学成果特等奖 1 项、一等奖 2 项。

梦想改造工坊之寝室改造计划

依托上海自主智能无人系统科学中心建设高峰学科

同济大学—华为“智能基座”产教融合协同育人基地

三、经验与思考

学院不断创新“三全育人”长效机制，打造协同育人物理空间，搭建学生成长信息空间，破解工作难题，提升工作实效，逐步实现了育人工作理念、机制、载体、成效方面的突破。

1. 实现育人工作理念的转变

通过搭建学生成长大数据平台，整合各类数据资源，实现大数据驱动思想政治教育由“漫灌”转变为“滴灌”，精准对接学生的成长需求，及时排摸学生的成长困惑，有效识别学生工作中的潜在风险，逐步转事后处置为事前预警，变被动工作为主动作为。

2. 深化育人机制创新

强化人才培养全院一盘棋的系统设计。协同育人中心的建立强化了组织保障，干部队伍轮岗制的实施完善了协同育人制度体系，线上业务流程的梳理优化了学生事务办理，逐步形成了有效的协同育人机制。

3. 系统整合育人资源和平台

为破解育人平台协同性弱、资源信息不对称等问题，学院成立了协同育人中心，重新整合空间，赋予新功能定位，打造综合式办公场地、立体式互动空间、一站式服务中心。中心以教学、学工等多部门协同业务为核心，立足学生成长需求，深入具体育人场景，着力实现协同工作平台对接与资源共享，打破工作“壁垒”。

4. 聚焦工作重点，将思政教育与教学科研有效融合

鼓励学生在创新创业、学术评选等典型选树中争先创优，夯实育人成效。在 2021 年“挑战杯”全国大学生科技创新作品竞赛中，学院学生团队获得了全国一等奖，实现了“从 0 到 1”的突破。2022 年度，1 名学生荣获“中国大学生自强之星”称号，1 名学生荣获“上海市百名学生党员标兵”称号，2 名学生获“追求卓越学生奖”提名，1 名学生获校级“学术先锋”提名，2 名学生荣获校级“学术之星标兵”称号。

荣获第十七届“挑战杯”一等奖

学院将深入贯彻党的二十大精神，不断深化“三全育人”综合改革，全面提高人才自主培养质量，造就信息领域拔尖创新人才，为中国特色世界一流大学建设贡献“电信”力量。

（撰稿人：张南华、刘谦、潘玥、汤若琦、张重阳）

“三轴联动”的科创实践人才培养体系构建

环境科学与工程学院

为纵深推进“三全育人”综合改革试点建设工作，同济大学环境科学与工程学院聚焦科创实践人才培养全流程，对照学生创新创业能力培养和实践锻炼的需求，积极构建具有环境学科特色的科创实践人才培养体系，努力实现全方位、立体式、多维度培养拔尖创新人才。

一、问题针对

深化高校创新创业教育改革，培育激发学生创新创业潜能、多元构建科创实践平台，培养适应时代和未来需求的科创实践拔尖人才具有重要意义。目前学院的科创实践人才培养体系存在系统性不足的问题：各门课程注重本身的独立性与完整性，在创新能力培养方面不能高效发挥关联课程的教学合力和实践优势，学生创新能力得不到系统有效的训练；创新能力培养不连贯，课程、实践、竞赛三者交互性不强、连通性不足，学生参与学科竞赛和科创项目的热情很高，但缺乏参与途径，学生创新潜能未实现充分挖掘与落实，竞赛成果不够突出。

二、主要做法

为破解以上问题，同济大学环境科学与工程学院依托“三全育人”综合改革试点建设工作，通过课程轴、实践轴、竞赛轴“三轴联动”，全面推进科创实践课程体系搭建、实践体系打造、竞赛体系建设，构造金字塔结构的人才培养体系，全方位、立体式、多维度培养学生创新思维，锤炼学生实践能力，激发学生创新动能，培养科创拔尖人才。

1. 课程轴构建：搭建优质创新课程体系，支撑“创新思维”素养培育

学院整合产教研资源，构建“创新课程—创新训练—竞赛训练—创业训练”的优质创新创业课程链，搭建优质课程体系，实现由基本技能、创新思维到创新创业实践能力的递进式培养，扎实培育学生创新意识和创新素养。“中国环境问题调研与对策”课程鼓励学生心怀家国理想、发挥专业特色，立足祖国生态文明建设目标，深入全国各地开展社会实践活动，在实践过程中巩固专业知识、拓宽视野、提高创新实践能力；“环境科技创新实验”课程引导学生根据创新实验结果，进一步挖掘科学研究的创新点，通过讨论和小论文撰写等形式更系统全面地锻炼科研创新思维和能力；“学科竞赛能力训练”课程邀请专业教师、优秀竞赛指导教师、企业专家从基础能力培训、创新思维训练、竞赛训练、创业训练多维度开展系统讲解，并鼓励学生参与各项科创竞赛，引导其培养创新能力和创新意识。

2. 实践轴构建：打造立体贯通实践体系，支撑“创新实践”能力培养

学院以“师生共创、师生共研”为理念，积极探索“三全育人”与一流学科的深度融合。以教育部产学合作协同育人项目为切入口，学院依托同济大学环境科技创新人才培养基地、世界技能大赛中国集训基地，系统性设计具有学科特色的创新实践育人基地矩阵，进一步拓展长三角一体化示范区、北控水务集团、深圳水务集团、长江三峡集团

等五星级创新实践基地，将优秀大师、行业发展态势引入校内，联动高校教师、行业专家、企业领导打造优质创新能力教学资源库。在此基础上，学院深化校地合作，创新学生实习实践平台，打造有影响力的环境专业实习实践品牌，培育知行合一的专业人才。学院创新品牌“校企协云端实习”联合了国际水协会、长三角可持续发展研究院等机构，携手全国100余所高校、60余家知名环保企业倾力打造，来自研究院、企业及国际水协会的专家与校内任课教师联合呈现精彩丰富的云端实习实践课程，旨在满足学生生产实习或毕业实习需求，拓宽实习的场景场域。该实践品牌已产生广泛的影响力，探索了线上线下混合式创新能力培育模式，打造了全国环境学科产教协同育人新范式。

周雪飞教授指导学生开展“同心智水”暑期实践项目

焦贺铭获第一届全国技能大赛水处理技术项目金牌

打造“校企协云端实习”实践品牌

3. 竞赛轴构建：建设环境特色竞赛体系，支撑“拔尖创新”潜能激发

在现有的科教融合、科创融合育人体系建设成果上，学院立足环境学科特点，建设了“技能操作—学术研究—双创升级—综合实践”进阶式环境学科特色双创竞赛体系，推动从科创竞赛到创业实践的学生素质能力培养进一步升级，激发学生创新潜能。学院主办长三角大学生水处理比赛，通过实验操作竞赛考察专业基础知识与实验操作技能，培养学生高质量综合应用能力；面向全国环境及相关领域研究生，聚焦科学理论与人文素养的协同探索，持续扩大全国研究生环境论坛的学术影响力，号召广大学子以青年人的视角和热情重视国家环境发展现状，以更前沿的思维和眼光助力生态环境保护事业，推进“双碳”背景下的技术创新与学科交叉融合；进一步升级“北控水务杯”、中国“互联网 +”生态环境创新创业大赛、创投大赛，推动生态环境领域科技成果转化，为生态环境行业创业者搭建产业、资本、市场资源对接平台；充分发挥全国环境友好科技竞赛作为全国高校环境领域顶级竞赛的品牌效应，优化理念类、实物类、创业类和擂台赛四个赛道，全面激发学生创新动能，提升学生的创新实践能力。

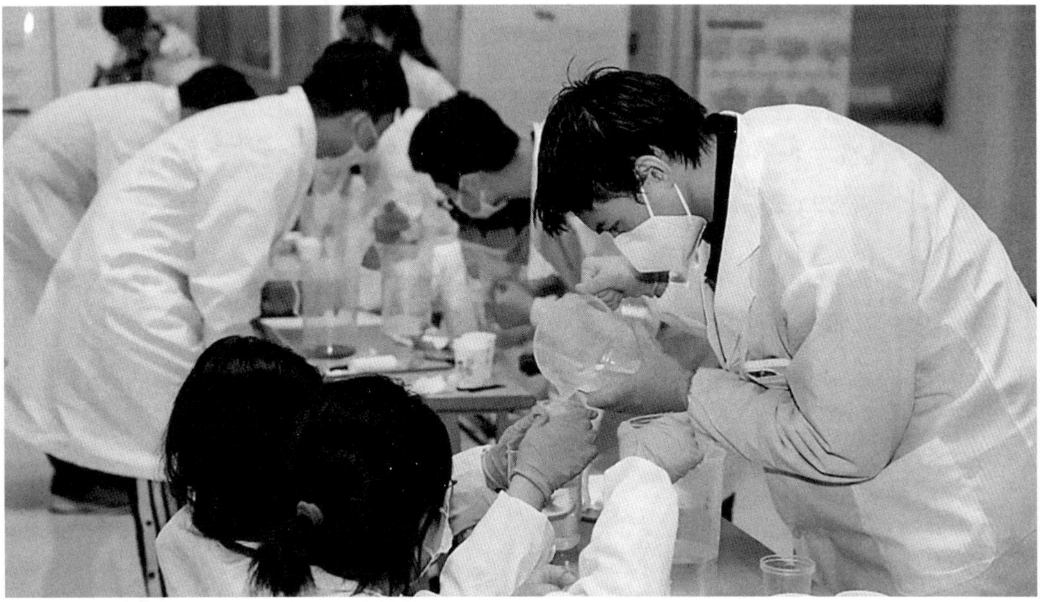

主办 2022 年长三角大学生水处理比赛

主办全国研究生环境论坛

三、经验与思考

随着“三轴联动”的金字塔结构科创实践人才培养体系的构建与完善，学院在拔尖人才培养方面的成效日益凸显。2021—2023 年，4 名学生获评同济大学本科生“学术之星”，其中 2 名获评“学术之星标兵”（全校 5 人），3 名研究生获评“学术先锋”（全校 20 人），1 名学生获第 46 届世界技能大赛水处理技术项目冠军；2 项科技竞赛作品获中国国际“互联网 +”大赛金奖，1 项科技竞赛作品获“挑战杯”全国大学生课外学术科技作品竞赛二等奖；学院获评“三下乡”社会实践活动全国重点实践团队。创新打造的“校企协云端实习”实践品牌已产生了广泛的影响力，全国 100 多所高校共 18.1 万人次通过直播及回看参与课程学习。

1. 构建产学研协同优质创新课程平台机制

形成学校教师、行业专家、企业领导多方协同的课程机制，联动高校与社会全方位提供基本技能、科研创新、创业指导等多方面的教学和培训，扎实科创实践人才培养基础。

2. 建立学科特色创新实践育人基地矩阵

整合校企协各方资源，拓宽校内外实践育人基地，打造专业实习实践品牌，充分满足学生实习实践需求，培养知行合一的拔尖创新创业人才。

3. 完善师生创新创业平台保障制度

采取优化创新课程全面覆盖、科研实践课题全程指导、科创竞赛平台全方位构建等举措，充分保证有热情、有志向、有潜力的创新实践人才能学习、会实践、敢创新。

（撰稿人：黄圣洁、刘佳、格日乐、陆丽君）

以“顶升精神”给养新时代学院特色的“三全育人”体系

机械与能源工程学院

在“三全育人”综合试点改革的基础上，学院深入学习习近平新时代中国特色社会主义思想，贯彻落实党的二十大精神，响应实施科教兴国战略、人才强国战略、创新驱动发展战略的号召，进一步推动学院各项事业发展，构建具有学院特色的高质量人才培养体系，将思想政治教育工作融入学科、教学、科研和管理的各个环节，为加快建设高质量教育体系，全面建设社会主义现代化国家贡献力量。

一、问题针对

基层学院作为高校育人的重要单位，承载着立德树人的重要任务。机械与能源工程学院在前期工作中已有了丰富的积累，但仍存在充满学院精神的育人文化氛围体现不足，对标学生成长成才需求的育人品牌凸显不够，育人平台建设不完善、育人资源的合力导入不强等问题。

二、主要做法

学院紧紧围绕机械与能源工程学院的学科特色，构建一体式人才培养体系。即凸显“顶升精神”，致力于打造学院院史展示区、中德机械工程中心两大空间，通过学院、机关行政、系 / 所 / 室三个育人层级，实施星榜、挂帅、奇才、工坊四大育人行动，实现德、智、体、美、劳五大育人目标，不断完善学生党建中心、学业指导中心、职业发展中心、资助育人基地、学生实习实践基地、大学生科技创新实践基地六大育人平台，持续推进党建引领下的“三全育人”工作新模式，激发学生踔厉奋发精神，着力培养德智体美劳全面发展的中国特色社会主义建设者和接班人。

1. 打造双空间影响力，提升“三全育人”温度

一方面，为营造浸润式育人文化氛围，深入具体育人场景，学院规划建设开物馆左侧镂空空间立体式学院院史展示区。院史展示区将以具有专业特色的方式展示学院发展历程中的文化传承，以“顶升精神”为构思核心，融入科技和可持续理念，连接过去、现在和未来，让历史与文化“动”起来，提升学生爱院爱校精神，实现全方位育人的提质。另一方面，为培育学生的国际化视野，学院重点建设中德机械工程中心，联合德方合作伙伴持续推进中德智能工程机械中心（Smart Construction Machinery Center，SCMC）、中德先进制造技术中心（Advanced Manufacturing Technology Center，AMTC）、中德绿色能源工程中心（Green Energy Engineering Center，GEEC）、中德智能与绿色工程创新实践基地（Smart Engineering Innovation Loboratory，SEIL）和与德国弗劳恩霍夫共建的国际数据空间实验室（Data Space）建设。由学院牵头申报建设的中德联合研究中心（同济大学）与学校中德博士生院共同构成同济大学对德合作生态系统三大支柱之一，包含五大研究方向，注重以实践、实习、交流为载体，持续推进科学研究与人才培养有机结合。

院史展示区

中德机械工程中心

2. 加强四行动创新力，潜耕“三全育人”深度

一是打造星榜。学院定期推选在德智体美劳各方面有突出表现的个人及团队，制作海报和推送进行正面宣传，树立师生典范来弘扬胸怀祖国、服务人民的爱国精神，追求真理、严谨治学的求实精神，坚持不懈、奋力进取的拼搏精神，向善向美、团结协作的和谐精神，勇攀高峰、敢为人先的创新精神，营造良好的学风、班风、院风。二是挂帅揭榜。学院注重培养学生创新创业意识，结合同济大学大学生创新实践训练计划，学院科技创新项目的招募工作实施揭榜机制，采取公开张榜、学生揭榜、学院支持的模式，为学生提供创意实践平台，对优秀项目进行优化和量产，营造积极学习科学文化知识的良好氛围，促使学生学以致用。三是挖掘奇才。学院持续推进科研育人工作，将育人理念融入科研功能，大力倾斜资源，挖掘学生的学科潜力，注重加强基础研究，以服务国家战略为目标，采用校企联合培养模式，鼓励学科交叉，制定个性培养计划。四是工坊

运营，依托学院大学生机械与热能科技创新实践基地，学院积极发起、承办和组织学生参与全国及省部级学科竞赛，如中国大学生机械工程创新创意大赛—智能制造赛、中国大学生机械工程创新创意大赛［物流技术（起重机）创意赛、上海市创意机器人挑战赛］等，以实际社会需求为动力培育科技人才，坚持以学生为中心，在组织竞赛过程中培养学生兴趣，全面提升大学生实践能力和综合素质。

打造星榜

挂帅揭榜

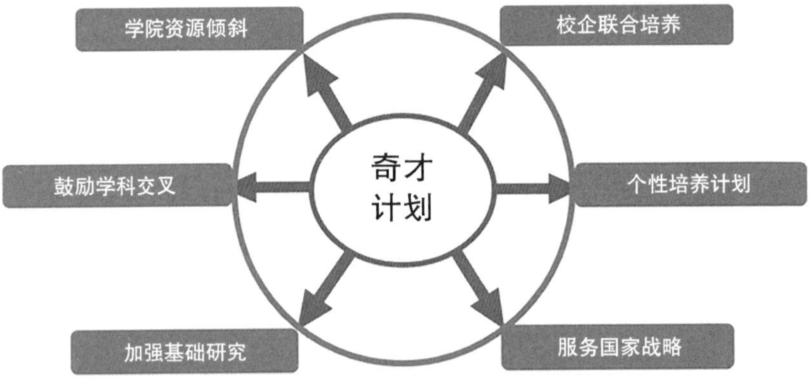

奇才计划及工坊运营

3. 深化六平台品牌力，凸显“三全育人”成效

为进一步提升学生党建工作质量，学院依托学生党建中心，落实党委书记带头进行入党启蒙教育、班子成员走访学生社区、学生党支部书记例会等长效机制，提升组织育人质量。立足对标争先项目，激发红色细胞基因，培育先锋党员和先锋党支部。牵头组建微言宣讲团先锋队、退伍大学生先锋队、ME 学生媒体中心先锋队，以党带团、班团一体化，激发学生践行新时代精神。为进一步服务学生健康成长，学院依托 ME 学业发展与指导中心，推进“筑梦 • 助飞”助学服务项目，整合学院资源，凝聚党支部力量，聚焦学生实际需求，从自律赋能、知识赋能、心理赋能三个方面开展系列活动。建立朋辈导师资源库，常态化开展学科课程帮扶；开展期末加油站活动，在重点时间做好内容供给；开设机械与能源数学基础强化课程，助力提升深造率。为推动毕业生高质量就业与创业，学院依托学生职业发展中心，积极构建高效科学的学生就业服务、管理、指导

体系，营造“人人关心就业、人人支持就业”的良好就业育人氛围。制定实习计划和反馈机制，将专业学习与实习实践有机结合，帮助学生深度认识职业发展、科学规划职业生涯。联络学院、整合资源，采取辅导员、导师、班主任点对点开展思想引领、心理关怀、资源支持、就业指导等的一人一册、两级联动的就业帮扶模式，培育家国情怀，树立科学的职业导向，打通育人的“最后一公里”，为社会输送合格可靠的同济人才。为进一步服务管理教育学生，学院依托资助育人基地，严格按照学校有关规定，健全学院资助工作相关制度，及时、准确、高效、公平地完成“贷、奖、勤、助、补”等各项资助服务工作。秉承发展型资助理念，根据学生多层次差异化需求，依托学校、学院资源，依托学院咖啡吧，搭建主题教育育人平台，围绕德智体美劳，开展“勤济精神餐”活动，树立励志典型，营造崇尚自立自强、励志成才的良好氛围，助力学生提升综合素质。为深化第二课堂的思想引领作用，学院依托学生实习实践基地，不断创新实践载体、丰富实践内容、完善实践平台、提高实践质量，将社会实践与思想教育、专业学习、集体建设、志愿公益、就业选择相结合，引导学生在社会实践中“受教育、长才干、作贡献”，培养深厚的家国情怀和强烈的社会责任感。为进一步培育大学生创新创业意识，学院依托大学生机械与热能科技创新实践基地，纵深推进完善基地管理体系，依托大学生创新创业项目，组织或承办省部级及以上学科竞赛，过程中突出品牌亮点、拓展交叉学科项目平台、扩大受众范围、打造可持续发展的品牌项目，结合时代主旋律，做实做细科创育人工作。

ME 学业发展与指导中心、学生职业发展中心

学生实习实践基地、资助育人基地、大学生机械与热能科技创新实践基地

三、经验与思考

1. 整合学院特色的育人文化资源

形成学院党委统一领导下各部门、各系、各研究所、各实验室协同联动的工作机制，组成院史工作小组，整理学院百余年的历史材料和工程实践，凝练出学院“顶升精神”内涵：服务国家、服务社会的爱国主义情怀；勇于创新、追求卓越的科学精神；爱岗敬业、吃苦耐劳的劳动精神。围绕“顶升精神”，排演舞台剧、建设院史展览区等，形成更加良好的学院精神文化育人氛围。

2. 突出学科主导的育人行动品牌

形成院领导牵头，专业教师、学工、教务多线并举的方式，打造学院育人品牌。学院明确加大经费、人力等资源投入，利用学院育人平台，充分挖掘学生的学科潜力，提升学生创新能力，以服务国家战略为导向，制定底部抬高、个性培养、尖端闪耀的育人目标，满足新时代学生的成长成才需要。

3. 完善功能齐全的育人平台保障

整合学院资源，加强学院顶层设计，优化六大育人平台管理，注重发挥平台之间的协同育人功能。形成平台负责老师例会等长效机制，交流共性问题，探讨个性解决方案。力求整体升级各类育人平台的资源，加强育人平台间的合力，丰富育人平台的功能，更好地融入学生教育教学，不断强化统领、夯实基础、提升质效。

（撰稿人：宋木生、高玉磊、石婧）

构建“五位一体”高质量协同育人体系

经济与管理学院

为持续推进“十四五”人才培养目标的实现，同济大学经济与管理学院积极探索“三全育人”之协同育人的新内涵，始终坚守创造管理新知、造就业界精英、践行持续发展、应对全球挑战的办学使命，着力构建“五位一体”高质量协同育人体系，构建良好的合力育人生态系统。

一、问题针对

协同育人体系要求多元主体共同参与，但当前协同育人各部门育人主体体现出合力不足的问题：各部门的育人理念可能存在诸多差异，出发点和工作重心也不相同，囿于各自工作条线的子目标和职责，甚至引发“分力”和“壁垒”；协同育人机制涣散无力，缺乏有效的考核机制和激励机制，在执行上难以达到预期成效；育人平台存在短板和局限，触角不能延伸到课内外、国内外，内驱力、外张力不足，难以形成学生信赖的育人品牌；保障机制建设不完善。

二、主要做法

围绕当前高校二级学院协同育人的短板弱项，指向育人资源分散、系统合力不强等难点问题的有效破解，打通育人工作的盲区断点，联通育人工作的“最初一公里”，依托“三全育人”改革试点工作，坚持“五位一体”统筹推进协同育人高质量体系创新，主要做法如下。

1. 加强顶层设计与规划，凝聚人才培养共识

加强顶层设计和整体长远谋划，站在培养社会主义建设者和接班人的使命高度统一思想认识，使教育工作者心往育人宗旨一处想。学院于 2020 年成立“十四五”及中长期规划工作小组，院长、书记牵头担任组长，对“一总八分”规划思路，即总体战略、人才培养、科学研究、队伍建设、国际化、学院文化与社团思政建设、社会服务、资源保障、学科发展进行统筹分工，责任到人。面向世界科学前沿，全面对接国家战略需求，对标各大高校开展调研，编制规划推进时间表。自 2020 年以来，分板块研讨各项工作，通过召开教授大会、教代会、务虚会广泛听取意见，并在党委会、党政联席会上讨论，进一步提高教育主体思想认识，提增协同育人工作质效，形成学院人才培养目标，即培养具有国际视野、管理思维、科技素养、人文底蕴、同济特色的经管精英和领袖。同时，为充分发挥学院的国际化特色，成立经济与管理学院国际咨询委员会，委员会由国内外具备丰富教育、管理实践经验，在经济与管理领域具有重要影响的专家组成，自 2008 年成立至 2023 年已召开 13 次会议。咨询委员会就学院的战略发展、人才培养、学术研究等关系学院长远发展的重大问题向学院提供咨询意见与指导，并通过自身专长与资源的分享，推动学院与国内外政府机构、知名企业和顶尖商学院的交流合作。

第十三届国际咨询委员会线下参会委员合影

2. 强化考核制度导向，完善协同工作机制

学院围绕协同育人的痛点难点，强化制度导向，考核机制与激励机制强调院系协同、部门协同。一是在对各系进行考核时，突出立德树人及人才培养成效。注重教师参与学生培养各个环节的贡献情况，要求教师根据自身特长，在学生就业及升学、高质量论文发表、参与各类竞赛和会议等方面尽其所能作出贡献；同时要求教师积极参与学院课程建设、专业建设、教材建设，各类教学成果奖项的申请等。二是在对学院行政各部门进行考核时，分为两个层次：第一，由系所对各部门打分，以衡量各行政部门对系所教学及人才培养工作的支持情况；第二，由各部门互相打分，作为衡量部门间协同育人的依据。切实改善学院氛围，提高工作效率，增强育人成效。同时，为充分强化学生在院内的主人翁地位，根据《全国学生联合会章程》《同济大学章程》，结合学院实际，修订《同济大学经济与管理学院学生委员会章程》，并成立经济与管理学院学生委员会，践行维护学生权益的宗旨，努力搭建师生沟通平台、表达学生诉求、宣传学院政策。

3. 依托资源共享平台，创设经管特色品牌

面向国家重大战略需求和新兴学科前沿交叉领域，学院各部门以新商科建设理念为引

领，以培养经管类精英和领袖为目标，在优良学风建设、双创实践融合、全球视野提升等多方面协力打造资源共享平台。第一，依托院学工办营造良好学术氛围的建设方案，组织开展讲座、沙龙、案例日活动、圆桌论坛等，内容涵盖科研学术、深造经验、升学交流、案例讨论、前沿信息发布等多维层面，逐步形成“洞见新知”学术讲坛、“经世”可持续发展沙龙、“危中求机，同心聚力”系列高端论坛、“E 堂大课”、“学科融合，大道传承”名家讲堂等多个精选学术品牌；第二，依托院团委双创实践项目长效保障机制，协同专业学位中心建设国家级及省级校外实践教学基地，推动大学生创新创业项目训练计划、寒暑假社会实践项目、海内外知名企业参访及移动课堂等产学研融合活动，并以本硕博贯通为主要方向组建团队，辅以优质导师资源，组织多个队伍参与“互联网 +”、“挑战杯”、全国商业模拟大赛等多场创业大赛及商赛，以城市 360 项目为代表的多个精品项目多次荣获国家级、省部级、校级奖项，打造了极具经管特色的双创实践品牌；第三，依托院外事办与海外高校的友好合作协议，调动学工办及专业学位中心育人合力，学院借助 44 个双学位项目及 124 个交流生项目不断提升学生全球视野，每年输送 100 余名学生前往海外各高校进行学术交流，并通过线上线下开设短期游学项目，助力学生感受国际知名院校和企业的卓越与辉煌，体会海外高校不同的教育模式和知识体系，创建的“经管国际月”系列活动、“云游学”项目、“留学 GO”信息发布平台等国际化品牌每年覆盖上千名学生。

奥托·海因里希·赫尔佐格（中国工程院外籍院士）在同济经管“洞见新知”学术讲坛作讲座

首届同济大学国际组织储备人才训练营

同济经管城市 360 项目屡获国家级、省部级、校级奖项

4. 构建三力保障循环，筑起人才培养地基

学院设有专门的人事办公室、学院办公室及财务办公室，从人力、物力、财力三方面保障人才培养体系顺利推进，为实现人才培养目标打下坚实的基础。根据学院人才培养需求，人事办公室遴选海内外优质师资加入教学科研团队，其中四分之一拥有海外博士学位，同时吸纳专业的管理类人才加入本硕博教学中心、专业学位中心、国际合作与认证办公室、校友与公司关系办公室、职业发展办公室等部门，通过吸纳优质生源、维系企业校友资源、拓展海外交流及实习就业机会等方式分工开展学生事务工作，协同支撑学院人才培养体系的构建。学院人才培养的物理空间由学院办公室负责扩建、改善、维护，教学设施及活动空间充裕，四平路校区独立的办公大楼内设有阶梯教室、多媒体教室、智慧教室等基础教学设施，并在中法中心、衷和楼拥有多间多媒体教室，在嘉定校区同心北楼拥有办公室、多媒体会议室，教学阵地设施完备、品类多样，可根据不同学生的培养阶段配备不同的教学场地，同时学院还设有自习室、案例讨论室、学生活动区域、党建活动室、智汇空间、学生工作室等舒适空间，是保障学生开展德智体美劳活动及社会实践的主要场所。健康的财务管理体制对支撑学院人才培养尤为重要，财务办公室统揽全局，通过专业学位办学及中高层管理者培训实现学院营收目标，并在财力保障下使每年学生奖助金、三助费覆盖 1 300 余人，金额达 300 万元，同时保障办学教学经费、学术科研经费、部门协同奖等多类开支，实现收支平衡，形成良好的财务循环。

5. 深化双一流价值追求，打造高质量育人成果

学科建设方面，在教育部第四轮学科评估中，管理科学与工程进入 A+ 档，并入选上海市 I 类高峰学科建设计划，2022 年 8 个专业全部入选国家级一流本科专业建设点，占学校入选一流本科专业建设点的 13%，实现一流本科专业和 4 个一级学科全覆盖。2021 年，学院再获国际权威认证机构授予的 EQUIS 和 AACSB 最高标准五年期认证。2018 年，工商管理专业学位在全国首次专业学位水平评估中位居 A 级，同济经管跻身《金融时报》亚太商学院前十强。在本硕博人才培养方面，学院鼓励学生开拓思维、拓

宽知识面、增长见识，现已与30多个国家和地区的100多所国际知名院校建立交流合作关系，50%以上的本科生有机会在本科学习阶段到欧美发达国家交流学习；推进学生将知识融于实践，积极参与各类比赛，展现经管学子风采，截至2022年底，共6人在第七、八届“互联网+”创新创业大赛获国赛金奖，2022年各类重要竞赛获国家级及国际级奖项48人次，在各大商赛中也收获累累硕果；引导博士生发表高水平论文，前往“双一流”高校就职，2021年以来博士学位获得者高质量学术科研成果数量持续增加，人均高质量学术科研成果3篇，就业质量不断提升，近两年来前往“双一流”高校及党政机关就职人数达22人。

经管团队获第三届全国高校房地产创新创业邀请赛“房地产创新奖”

经管学院研究生第五党支部获“上海高校百个学生样板党支部”称号

三、经验与思考

对学院来说，协同育人理念本质上要求构建起一个集各系所、行政管理部门、教学部门等于一体的多部门多主体的教育体系。这一体系要形成协同运作效应，顶层设计凝聚育人共识是前提，考核与激励机制是关键，育人平台的协同建设是核心，全面的保障条件是支撑。

1. 建立各部门人才培养目标一致的育人共识

学院系统长远谋划，着眼协同育人一盘棋，统一思想，凝聚共识，依托“十四五”规划，重塑新时代人才培养目标，筑牢顶层设计，强化改革驱动，不断增强工作的整体性、系统性、协同性。

2. 构建以考核制度为导向的育人共同体机制

形成学院党委统一领导、党政齐抓共管、各部门协同联动的运行机制，明确将“全员协同育人”纳入考核和激励机制，加大奖惩力度，保障协同的高效运行。

3. 搭建多部门资源整合协同共享的育人平台

以资源整合、优化管理、加强育人为导向，聚合校内外师资，整合海内外资源，构建本硕博贯通的资源共享平台，实现协同育人的可持续发展。

4. 打造人力物力财力全面支撑的育人保障机制

从软保障和硬保障两个维度，建强工作队伍、强化组织保障、加大经费投入，全面保障管理服务各领域、教育教学各环节、人才培养各方面的育人资源和育人力量。

（撰稿人：季茂茂、刘枳杉）

树牢理想信念，赋能创新实践

——构建高质量本科实践创新育人范式

汽车学院

当前世界范围内新一轮科技革命和产业变革正加速进行，我国经济由高速发展向高质量发展转变，我国汽车工业也进入快速转型、由大变强的关键阶段。面向汽车强国战略，为加快攻克“卡脖子”技术，实现中国汽车的创新人才领跑，亟须培养出一批具有强烈社会责任感、使命感和家国情怀的实践创新型汽车人才。

一、问题针对

2003 年 7 月，汽车学院作为同济大学首批试点单位，创建大学生汽车科技创新实践基地，探索本科实践创新人才培养模式。2015 年，学院提出“四轮驱动”人才培养理念，将实践创新作为人才培养的重要内容，取得了显著的成果。党的二十大报告指出，必须坚持科技是第一生产力，深入实施科教兴国战略、人才强国战略、创新驱动发展战略。创新实践环节是高校大学生需要经历的必备培养环节，当前本科生创新实践存在思政教育不充分、学术引导不具体、长效机制不完善、能力培养不全面的问题。新形势下，面向高质量人才培养的需求，需要在创新实践环节中融入更加丰富的思政元素，提升科学内涵，培养综合素质。

二、主要做法

汽车学院为提升实践创新育人实效，成立汽车学院科技创新基地党支部，以党建引领科创；强化学术导向，促进本科生创新能力提升；协同校内外育人资源，打造全链条生涯阶梯；将“五育”内涵融入创新实践，保障大学生全面发展。具体做法如下。

1. 党建引领，树牢理想信念

习近平总书记在全国教育大会上强调，教育必须把培养社会主义建设者和接班人作为根本任务，要在厚植爱国主义情怀上下功夫。学院成立同济大学汽车学院科技创新

科创盛典、“汽车青年说”等各类骨干学生展示交流平台

基地党支部，围绕大学生创新实践活动开展特色组织生活，成立赛时临时党小组，把握国内外学科竞赛的机会开展爱国主义、社会责任感和集体荣誉感教育，厚植家国情怀；每年开展大学生科创盛典，评选“科创之星”“年度车队”，搭建“同车行”科创沙龙、“汽车青年说”交流平台，以大学生自己的创新故事、实践历程，感染和激励全院学生。同时，学院以培养学生骨干政治理论水平和综合能力素质为目标，启动“引擎计划”，在青年中发挥模范带头作用，团结带领广大同济汽车青年立志做有理想、敢担当、能吃苦、肯奋斗的新时代好青年，让学生在学思践悟中树立对人民的情感、对社会的责任和对国家的热爱与忠诚。

2. 学术引导，提升创新能力

学院依托创新基地打造多维度、全过程的创新实践平台，构建了围绕大学生创新项目的基础创新能力训练平台、围绕汽车专业赛事的全链条工程实践能力提升平台和围绕“同车行”创新人才培育计划的科研能力培养平台，分层次引导大学生参与不同的创新实践团队。每年立项近 60 项大学生创新项目，同时面向动力、智能、新能源、节能、造型设计等专业研究方向，培育了具备固定指导教师团队、实践场所和创新文化的五大创新车队，每年参与国内外 11 项学科竞赛，为中国汽车工业输送了大量的工程实践人才。2021 年，为选拔优秀本科生开展系统的科研训练，学院实施“同车行”创新人才培育计划，专业教师发布课题、本科生自主报名，经过双向选拔，引导优秀的本科生进入导师课题组开展科研训练，并且每年开展 4 次交流评审会分享进展、展示成果，2021—2022 年共有近 200 名学生参与本计划。在此基础上，学院教学指导委员会牵头，建设了包括创新项目指导教师、车队指导教师、创新基地管理指导教师的导师队伍，打造了创新创业基础课程、专创融合课程和实验实践课程的课程体系，将学生的创新成果、教师的科创指导成果作为学生评奖评优、研究生推免、教师教学业绩核算的重要参考，形成了全面的激励保障制度，构建了全员参与的科创支撑体系。

“同车行”创新人才培育计划导师见面会

创新车队参加汽车专业赛事

3. 全面协同，铸造生涯阶梯

学院积极协同育人资源，聚焦课内课外、校内校外，为学生创造更多实践机会和舞台，进一步形成专业感知、专业触动、专业实践、专业研究、人才输出的大学生生涯阶梯，铸造全过程的科创实践平台。学院先后与上海中学、吴淞小学等五所中小学建设实践教育基地，以德育一体化为目标，以“德育涵养—科创培养—专业素养”为主要内容，通过科普宣传和活动实践的形式，突破大中小学人才培养的“篱笆墙”，在中小学传播汽车文化，为中小学生埋下中国梦、“汽车梦”的种子；与上汽大众汽车有限公司、联合汽车电子有限公司等五家汽车企业签订校企合作协议，建立实习实践基地，同时汇聚校友成立同济汽车创业者联盟，通过“课堂教学—校企互动—企业实践—联合工程师培养”四个实践环节，形成学生低年级到高年级的贯通式培养路径，实现学院人才培养与企业需求的精准对接；与上海市嘉定区经济委员会、江西省南昌市人民政府等五个地方政府部门签订共建协议，通过地方调研、地方挂职、产学研项目合作等促进学生将理论知识与实践创新结合，通过共同建设教学、科研及实践平台等方式开展人才培养工作，为社会输送服务地方发展的卓越人才和社会栋梁。

面向中小学生开展汽车文化与科普讲座

签订校企、校地合作协议

成立同济汽车创业者联盟

4. 五育融合，促进全面发展

在学生创新实践过程中“五育并举”，促进实践创新人才全面均衡发展。坚持立德树人，以党支部为基础，将组织生活与创新指导融合，开展七一升旗仪式、带着国旗去比赛、“车队青年说”等百余场理想信念教育，“价值引领”与“知识传授”同频共振。强化以智启人，融合材料、信息、设计等交叉学科知识培养跨学科复合型工程人才，锻炼学生动手实践、团队协作和沟通表达等能力。实施以体育人，以兴趣为引导，让学生在全链条“造车”工程实践中增强体魄，提高自控力、抗压力，塑造积极进取精神，实现学生身心全面发展。突出以美化人，通过汽车造型设计提升学生对“技术美”的理解；建设创新基地工作室，升级创新成果展示区，打造创新团队队服和宣传片等各类周边，营造浓厚创新文化氛围。强调以劳塑人，以创新项目调研、赛车设计制造等专业劳动实践强化学生劳动价值观塑造。打造了全方位成长的科创赋能载体。

带着国旗去比赛

汽车造型设计交流活动

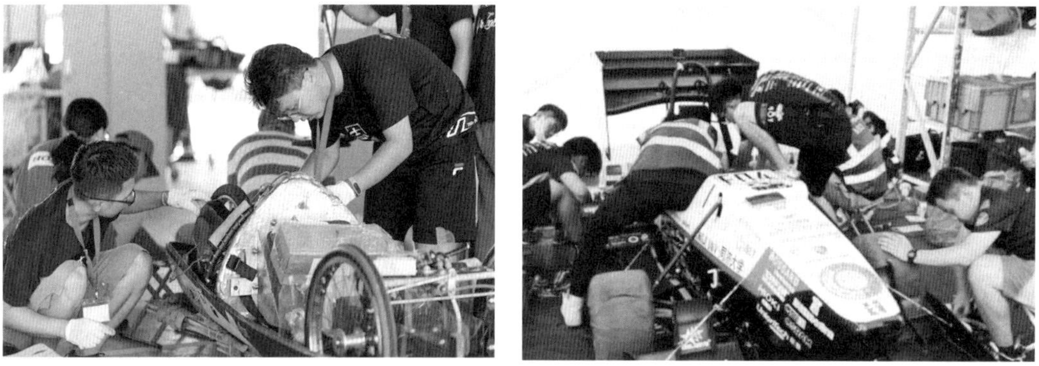

全链条赛车研发与制造

大学生汽车科技创新实践基地展示厅

三、经验与思考

1. 以学生为中心，重视创新能力培养

实现学生培养“精育、优出”。2015 年以来，学院每年升学深造的本科毕业生超过 70%，2020 年达到 80%。谷鹏、倪润宇获同济大学学生最高奖“追求卓越奖”，林远飞、陈淮博获“追求卓越奖”提名。培养了舒强、胡哲、卞江、徐松云等优秀创业代表，为中国汽车工业贡献了同济力量。2020—2022 年，培养本科生发表学术论文 30 余篇，其中 SCI 论文 8 篇，申请发明专利近 20 项。学生获中国国际“互联网 +”大学生创新创业大赛国家级金奖 1 项（全国第六名，同时获得最具商业价值奖）、铜奖 2 项，获“挑战杯”大学生课外学术科技作品竞赛国家级奖项 7 项，其中国家级一等奖 1 项。

培养学生在“挑战杯”、“互联网 +”大赛获奖

2. 协同国内外资源，提升社会影响力

在国内层面，学院作为主要发起单位将大学生方程式大赛、节能竞技大赛等国际赛事引进国内，并创建赛事规则委员会，不断促进中国大学生汽车专业赛事发展，并为中国汽车工业储备高质量后备人才；多次受邀参加中国国际工业博览会、中国汽车工程学会年会会展等大型展示活动作成果展示；代表同济大学多次向党和国家领导人展示创

新成果，如 2017 年向时任科技部部长万钢展示创新成果；多次被包括 CCTV 在内的国内知名媒体采访和报道，宣介实践创新育人模式。在国际层面，代表国家参与国际级赛事近 20 次，学生获得国际级奖项近 300 人次，为国家和学校争得荣誉，其中翼驰车队、EP 节能车队、PACE 车队等在国际范围内具有一定影响力。与超过 100 家国内外知名汽车企业达成合作协议，有力推动校企合作。

2018 年志远车队城市概念车登上央视

学生作品参加工博会、上海车展等大型展会

创新车队参加国际比赛

为应对百年未有之大变局下的教育新挑战，学院立足高等教育发展规律、人才成才规律本源，聚焦学校办学理念和发展规划，探索出高质量实践创新育人范式，培养引领产业革命新变化的，富有系统思维性、学科交叉性、实践创新性的，具有浓厚创新兴趣、崇高学术理想的新工科人才，为实现工业代表领域汽车行业的高质量人才领跑，响应汽车强国战略和汽车"新四化"的发展理念，攻克关键领域"卡脖子"技术贡献了高校育人智慧。

（撰稿人：李崇凯）

“思政 +”全方位融合机制探索

数学科学学院

同济大学数学科学学院在“三全育人”试点工作的前期基础上，扎实推进基于育人队伍的“全员协同机制”、基于跨领域、多平台、全要素的“全方位融合机制”、基于分合有序、前后承接的“全过程贯通机制”；并在此基础上建设和开展多个品牌育人项目，努力产出育人成果，提升育人效能。

一、问题针对

聚焦“三全育人”的工作体系，如何将“思想政治工作贯穿教育教学全过程”的指导思想在高校基层掷地有声地贯彻落实，贯彻和实现的路径是基层院系在落实立德树人根本任务过程中的重点问题，也是难点问题。

二、主要做法

数学科学学院立足已有的工作基础，构建全方位融合的工作体系，将思想政治教育工作与高校人才培养的各个工作领域、各个工作条线进行跨界融合，以盐溶于水的方式，把思想政治工作贯穿教育教学的始终。

1. “思政 + 党建”的效应融合

大学生党建与高校思政互动共生、包容互融，思政为党建提供了思想支持，是党建的重要内容，党建则为思政提供了组织核心和组织保障。学院采用思政与党建在育人内容、育人方式、育人对象、重难点与创新点方面相融合的机制，产生 1+1 > 2 的叠加效应。推动教工党支部“双带头人工作室”建设，以党建引领立德树人根本任务落地落实落细，并形成示范带动效应；探索建立学生党支部“项目式历练”的建设模式，创新多种形式实现师生党支部的对接与共建，搭建多元化积极分子培训课程体系，持续探索学院党校功能发挥及作用机制，逐步树立了“党员 TALK”“行走上海滩”等特色党建品牌。

党员 TALK 第八季现场

2. “思政＋课程”的课堂融合

打好“同济高数”这张王牌，扎实推进大学数学课程的课程思政建设。利用全国虚拟教研室平台连接国内各大数学院系，开展多轮次“课程思政”研究交流，聚焦“科学思维方法”“科技伦理教育”的理科课程思政要点，形成具有数学专业特点的课程思政建设案例库、素材库，开设“数学史”“数学与艺术”等多门数学文化课程，打造一批课程思政示范课程，锻造一批课程思政教学名师；进一步整合资源，在上海市教学成果奖的基础上，冲击国家级教学成果奖。

3. “思政＋科研”的领域融合

进一步挖掘科研育人的潜在能量，在已有的“卓越导学团队”的建设经验基础上，培育更多的优秀导学团队，以教研室为单位推进科研团队凝聚力建设，塑造学风正、治学严的教研之风；开展导学关系建设项目，实施研究生导师育人意识和育人能力提升计划、师德师风典型塑造项目等，引入国内外优秀学术资源，开展高质量学术育人讲堂，升级打造“致远学术讲堂”品牌项目；开展“致远青年说”“同数前沿论坛”等品牌项目，依托研究生博思论坛建设，创设浓厚的学术环境，引领同济数学学子科研报国。

“致远学术讲堂”活动现场

4. “思政 + 实践”的平台融合

瞄准“国家所需，数学所长”，进行多层次、多圈层的思政＋实践平台建设，制定基于数学专业特色的劳动教育方案。夯实数学助学服务运行机制，稳定建设“数学外卖”优秀学霸团队；引入社会资源、激活创新动能，创建∑实践共创项目；创新红色文化实践育人方式，推进“行走上海滩”师生党团共建项目；立足智力扶贫和文化扶贫，开展“数学点亮梦想”系列课程，开发多种数学科普、数学文化课程产品辐射和传播到西部地区；对接国家战略、关注社会需求，孵化基于数学应用的社会实践品牌项目；从而形成学业实践、文化实践、社会实践相联通的多平台融合。

5. “思政 + 文化”的要素融合

从数学这一最古老的科学中挖掘思政要素，进一步提炼数学精神、数学文化，发挥学科文化中的思政育人功能。打造“数学文化剧”品牌项目，每两年举办一次“数学文化剧展演”，梳理数学家故事、编写数学文化剧本、排演数学文化剧，演绎数学故事、传承数学精神、传播数学文化；建设“万物皆数”专业导学项目，通过生动有趣的数学文化游戏、数学文化趣味运动会、数学文化嘉年华等各类项目，将数学文化与“五育”结合，增强学生的专业志趣；组建“万物皆数”数学文化宣讲团，开发适应不同年龄梯度读者的数学科普课程和活动项目，持续加强数学文化的传播力度。

数学文化剧《樊映川》

6. “思政 + 网络”的载体融合

在试点学院专项开展“网络阵地构筑工程”的前期基础上，探索网络这一重要的育人阵地和育人载体。数学科学学院首创数学科学学院融媒体中心，以平台融通、智慧融聚、价值熔炼为理念，优化运行机制、迭代采编模式、提升宣教能力，形成了“心中有数”“数学外卖”“同数热点”等品牌栏目，打造院级融媒体中心运营机制；拓展云端助学服务版图，开发与数学学习相关的系列线上课堂，其中，“一题，撬动数学”已有 1.8 万粉丝，“优师微课”系列课程收获了近百万播放量。

三、经验与思考

在“思政 +”全方位融合机制的建设过程中，多元主体的参与尤为重要。数学科学学院构建全员协同的工作机制，以专业教师、本研导师、辅导员、班主任为“三全育人”工作的“主力”，发挥主导作用；以优秀校友群体、校外导师队伍为“三全育人”工作“借力”，发挥拓展作用；以管理服务队伍为“三全育人”工作“助力”，发挥辅助作用；以学生骨干群体激发“三全育人”工作的“活力”，发挥朋辈互助示范作用。

1. 育人潜力的激发机制

在基层院系尝试全员引导、全员热身、部分尝试、典型示范、氛围营造等协同工作环节，以“小步快跑”的推动模式，带动各支育人力量逐步释放育人潜力。

2. 育人能力的提升机制

针对不同育人队伍的功能特点，分别建立本、研导师育人能力培训机制，实现培训的体系化和课程化，迭代完善导师育人工作手册，持续开展研究生人才培养联席会；建立学生骨干团队工作能力提升机制，开展 WPH 人才工坊，丰富工作技能，提升综合素质；建立管理干部课程培训体系，定期开展针对管理干部育人能力的培训会和交流会；建立党支部书记联席会制度，探讨和加强支部建设和党员教育培养。

3. 育人主体的联动机制

有效链接和联动校外资源，通过组织校友值年返校、建立院友数据信息库、开展校友论坛、设立校友企业合作项目等，进一步开发校友参与人才培养的多种渠道，通过持续开拓就业市场，联动区域就业促进保障单位，建立院企互访机制，开发企业实习点，实施“∑大学生社会实践共创项目”，建立校外导师制，不断增进与企事业单位等的合作往来，有效带动全周期、全方位的校内校外资源良性流动。

（撰稿人：赵盈、彭婧）

2020 年 9 月 15 日，校党委书记方守恩开讲“中国道路”第一讲，展示交通领域中国道路的实践与理论成果

同济大学第十五届研究生“学术先锋”决赛

原创舞台剧《铸诗成剑》

社区辅导员团队成立二十五周年纪念暨社区辅导员校友返校活动

文榷堂为学生提供丰富多样的文化实践

美丽乡愁团队前往云南省云龙县诺邓古村开展社会实践

同济大学首届"启迪班"合影

中国大学生赛艇锦标赛男子四单金牌选手合影

同济大学动画季活动

同济大学春季招聘会简历门诊

同济大学“梦想花园”劳动教育实践基地

同济大学新生院 2023 年新年晚会

“博思论坛——跟着院士探索科学与未来”学生活动

体育课程育人环节：同济大学舞龙比赛

同济大学大学生汽车科技创新实践基地展示厅

党员 TALK 第八季现场